Der Brockumer Großmarkt

Marktstein der Gemeinde Brockum

Martin Schütz

BROCKUMER GROSSMARKT

- Ein 450jähriger Markt im Wandel der Zeit -

Herausgegeben von der

Gemeinde Brockum

© 2004 Gemeinde Brockum

Herstellung und Verlag: Books on Demand GmbH,
Norderstedt

ISBN 3-8334-1816-8

Bibliographische Information Der Deutschen Bibliothek:
Die Deutsche Bibliothek verzeichnet diese Publikation in der
Deutschen Nationalbibliografie; detaillierte bibliografische Daten
sind im Internet über http://dnb.ddb.de *abrufbar.*

Inhaltsverzeichnis

Vorwort

„*Op'n Brökmer Markt, dor moßt du hen!"*
Augenzwinkernd lockt das lachende Pferd auf
rotem, blauem oder grünem Grund zum Besuch des viertägigen Volksfestes und vermittelt
das nicht näher bestimmbare Gefühl, etwas
Wesentliches zu verpassen, wenn man zu Hause bleibt.
Im offiziellen Grußwort der Gemeinde klingt
es sachlicher: „*Die wohl einzigartige Kombination von Landmaschinen- und Gewerbeschau in Verbindung mit einem attraktiven
Vergnügungsmarkt, besonders jedoch der am
letzten Tag stattfindende Viehmarkt, geben
dem Brockumer Markt seinen eigenen (unver-
wechselbaren) Charakter".*

Nach derartigen unwiderstehlichen Aufforde-
rungen strömen die Besucher so zahlreich zu
diesem Volksfest, dass die Marktleitung bei
witterungsgünstigem Verlauf schon einige
Male über 200 000 geschätzt hat. Obwohl „*die
echten Brockumer morgens, mittags und
abends auf ihrem Markt zu finden sind",* wie
die Brockumer Bürgermeisterin Ingrid Thrien
zu berichten weiß, macht das ja gerade mal ein
Zweihundertstel der unerklärbar großen Besu-
cherzahl aus. Der große „Rest" kommt in
Fahrzeugen mit den Kennzeichen BI, CLP,
DH, DT, EL, HB, HF, MI, NI, MS, VEC, OL,
OS, PB oder ST[1]. Der Brockumer Markt ist ein
Phänomen, dessen Ursprung ebenso wenig klar
auszumachen ist, wie die Ursachen für seine
Popularität.

Wie kommt „dat Markt" in einer nur 1100
Einwohner zählenden Gemeinde zu einer derartigen Bedeutung? Wie kann es sein, dass ein
kleines Dorf[2] vier Tage lang für Zehntausende
von Besuchern „zum Nabel der Welt" wird,
um anschließend für die Spanne von fast zwölf

Monaten in einen „Dornröschenschlaf" zu
versinken?
Darauf gültige Antworten zu finden, den besonderen Charakter des Brockumer Marktes zu
beschreiben und seinen Wandel im Laufe der
Jahrhunderte chronikartig aufzuzeigen, soll das
Anliegen dieser Darstellung sein. Sie erscheint
zum Markt 2004 aus Anlass des 50jährigen
Jubiläums der Gewerbeschau.

Bislang gibt es keine in sich geschlossene Un-
tersuchung dieses uralten Volksfestes. Nur F.
Lohmeyer in den 20er Jahren und A. Schöne in
den 80er Jahren des 20. Jahrhunderts haben die
Archive nach Unterlagen über den Brockumer
Markt erforscht und ihre Ergebnisse in heimat-
geschichtlichen Beiträgen des Diepholzer
Kreisblattes veröffentlicht. Zwar soll nach
eigenen Angaben der ehemalige Leiter der
Brockumer Schule, H. Leski, Zeitzeugen des
Ortes über den Markt befragt und danach eine
Untersuchung über den Zeitraum 1890 bis
1930 verfasst haben, doch konnten seine Ar-
beitsergebnisse im Archiv der Brockumer-
Schule nur bruchstückhaft gesichert werden.
So müssen die Zeitungsberichte „Ein Gang
über den Markt", die ab 1902 die Redakteure
des Diepholzer Kreisblattes jeweils im Rückblick auf den Marktbummel geschrieben haben, als einziges fortlaufendes Zeugnis über
das Brockumer Marktgeschehen gelten. Sie
dienten im wesentlichen als Grundlage für die
vorliegende Darstellung, wobei sich der Autor
die Aufgabe stellte, einzelne Aspekte heraus-
zugreifen, sie zu strukturieren und sie – ohne
Anspruch auf Wissenschaftlichkeit – in möglichst lebendigen Bildern wiederzugeben.

Diese Arbeit fand Unterstützung bei der Amtsverwaltung, besonders bei Gerd D. Bühning
und Uwe Allhorn, bei den gegenwärtigen und
ehemaligen Marktausschüssen unter Ingrid
Thrien und Hermann Schnittker, sowie bei
vielen Brockumer Bürgerinnen und Bürgern,
die bereitwillig Fakten und Erlebnisse mitteil-
ten. Wertvoll waren auch die Erzählungen der
langjährigen Marktbeschicker Bubi (Ludwig)
Braun und Familie Dreß-Lampe. Ihnen allen
gebührt ein besonderer Dank.

---

[1] Diese Beobachtung deckt sich ungefähr mit dem Einzugsgebiet, das Fritz Lohmeyer schon 1925 beschrieb:
*"Welcher Eingeborene des Landstriches zwischen Bre-
men, Oldenburg, Lingen, Osnabrück, Bielefeld, Hannover, Nienburg und Verden hätte nicht vom Brockumer
Pferdemarkt gehört?"* Lohmeyer, F. Heimatblätter 2. Jg.
Nr.6 S. 42-44
[2] „*Ein weltverlorenes Kirchdorf wird ... aus dem be-
schaulichen Dasein in seinem Winkel zwischen Heide,
Bruch und Bergwald aufgeschreckt"* (Lohmeyer, ebenda
S.42).

Der besondere Charakter des Brockumer Marktes

Obwohl der Brockumer Markt eine lange Tradition hat, ist aus seiner Geschichte nur sehr wenig bekannt. Dank zweier Gewalttätigkeiten, die sich anlässlich der „Brockumer Kirmes" ereigneten und die wegen schwerer Störung des Marktfriedens zu gerichtlicher Verfolgung durch die jeweilige Staatsmacht führten, finden wir die ersten urkundlichen Erwähnungen des heutigen Volksfestes im 16. Jahrhundert (s. Kapitel „Vorfälle und besondere Ereignisse").

Beide Darstellungen, die von 1558 und die von 1573, benutzen den Brockumer Markt nur als zeitlichen Hintergrund, ganz ohne nähere Erklärungen, sozusagen als völlig selbstverständliches Ereignis, das es schon sehr lange vor den angeführten Vorfällen gegeben haben muss. Schon gar nicht lässt sich erkennen, wer dem Dorf Brockum erstmals die Genehmigung für einen Freimarkt erteilt hat. Die Verleihung des Marktrechtes war ein hoheitlicher Akt, der nur dem Landesherren zustand. Ursprünglich war das der deutsche König, bzw. der „Kaiser des Heiligen Römischen Reiches Deutscher Nation". Mit Ausbau des mittelalterlichen Lehenswesens ging die Befugnis, Rechte zu verleihen, an die Inhaber der kaiserlichen Lehen, also an die verschiedenen, immer selbstständiger werdenden Landesfürsten über. Auf Grund der damals gültigen Herrschaftsverhältnisse kommen dafür nur der Bischof von Minden und der Graf von Diepholz in Betracht.

Die älteste Wurzel des Brockumer Marktes ist der Viehmarkt. Er wird seit über 400 Jahren jeweils am Dienstag, der auf den Namenstag der Heiligen Simon und Judä folgt,[3] eintägig abgehalten, was zu der Annahme geführt hat, dass früher Markt und Kirchweihfest zusammenfielen.

Die erste Beschreibung des Brockumer Marktes, die wenigstens teilweise seine überörtliche Bedeutung wiedergibt, stammt aus dem Jahre 1789, als der theologische Candidat Müller aus Burlage berichtet: *„3/4 Stunde von Lemförde östlich liegt das Kirchdorf Brockum von 92* *Feuerstellen. Hier wird jährlich eine berühmte Kirchmeß, der beste Markt in unserer Grafschaft, gehalten. Der Viehhandel ist beträchtlich und es kommen alle möglichen Wollen-, Kram- und kurze Waaren dahin. Nach diesem Markt richten sich die mehresten Produkte im Preise, selbst das Korn, obgleich Kornhandel eigentlich nicht hier gestattet wird. Daher verkaufen die Landleute ihre Produkte vor diesem Markte mit dem ausdrücklichen Vorbehalt: ‚Was es auf dem Brockumer Markt gelten wird'. Hiernach erhält der Verkäufer Zuschuß oder er zahlt zurück".[4]*

Sogar der damalige Zins- und Tilgungsdienst richtete sich nach dem Getreidepreis des Brockumer Marktes. Der Heimatforscher Lohmeyer berichtet von einem Schuldschein aus dem Jahr 1668, nach dem ein Kredit von 50 Talern jährlich mit *„einem Scheffel Roggen"* zu verzinsen war *„oder in Gelde, soviel der Scheffel auf dem Brockumer Markt gelten wird".[5][6]*

Nach einer arbeitsreichen Erntezeit war der Brockumer Markt immer der letzte große Herbstmarkt der Region, so dass er die dargestellte preisregelnde Funktion für landwirtschaftliche Produkte übernehmen konnte. Endlich konnte jeder seinen Jahresgewinn einschätzen und entsprechende Einkäufe tätigen.

Der Brockumer Markt war weit und breit ein wichtiger Termin, der für Brockum und seine Umgebung nicht - wie manchmal fälschlich behauptet - die fünfte Jahreszeit einläutet, sondern der de facto den Jahreswechsel bedeutet.

---

[3] Der Pferdemarkt in Brockum war immer (wie Ostern und Pfingsten) ein „bewegliches Fest", das frühestens auf Dienstag, den 29. Oktober und spätestens auf Dienstag, den 4. November fallen konnte.

[4] Müller: Versuch einer topographisch-statistischen Beschreibung des Amtes Lemförde, in der Grafschaft Diepholz. Annalen der Braunschweig - Lüneburgischen Churlande" 3. Jahrg. S. 805

[5] Lohmeyer, F.: Vom Brockumer Markt in alter und neuer Zeit, Heimatblätter für die Grafschaft Diepholz, 2. Jahrg. Nr. 6 S. 42 - 44

[6] Weitere schriftliche Hintergrundinformationen existieren aus dem Jahre 1804, als der französische Kommandant von Lemförde am 30. Oktober einen Offizier, einen Sergeanten und 34 Soldaten als Ordnungskommando nach Brockum abordnete, deren Verpflegung die Brockumer mit mehr als 42 Taler recht teuer zu stehen kam. Auch für 1838 finden wir eine Notiz, die sich auf den Schutz des Marktes bezieht: 10 Polizisten sicherten damals den Marktablauf.

Der hier gültige Kalender rechnet nicht vom 1. Januar bis zum 31. Dezember, sondern von Markt zu Markt. Folglich ist Marktdienstag Silvester und der Mittwoch danach der eigentliche Neujahrstag. *„Gefestigt durch eine vielhundertjährige Tradition, dreht sich in Brockum und in den Nachbargemeinden um diese Jahreszeit alles um den Brockumer Markt; wird für einen Kauf, für die Herbstbestellung oder ein anderes wichtiges Ereignis ein Termin bestimmt, so heißt es nicht etwa in der letzten Oktober- oder in der ersten Novemberwoche, sondern kurz und bündig: soundsoviel Tage vor oder nach dem Brockumer Markt. Jeder weiß dann, wie er dran ist"* (Diepholzer Kreisblatt 1955). Ein alter Brockumer antwortete einmal auf die Frage nach dem Geburtstag seines Enkelkindes: *„Genau kann ick den Dag nich angewen, aver ick weet noch, dat et 6 Wäken vör'n Markt weer".*

Bis zu dieser markanten Zeitmarke sind – wenn irgend möglich - noch heute alle Außenarbeiten in Haus, Hof und Garten abzuschließen. Das gilt sogar für Verschönerungsarbeiten wie das Streichen des Dielentores.

Ergänzend wird das Diepholzer Kreisblatt vom Markt 1980 zitiert*: „Dieser Markt war eine Zeitmarke, nach der sich verschiedene Dinge zu richten hatten. Nicht nur, dass Knechte und Mägde sich zu ihrem Jahreslohn einen Taler zum Brockumer Markt einbedingten, ... auch das letzte Weidevieh wurde aus den Brüchern geholt. In einem Vertrag von 1868 wird der Bruchhirt von Heede verpflichtet, sein Hirtenamt alljährlich bis zum Brockumer Markttage gewissenhaft auszuüben."*

Sicherlich gehört die exponierte geografische Lage Brockums zu den Besonderheiten dieses Großmarktes. Unmittelbar an der Landesgrenze zwischen Niedersachsen und Nordrhein-Westfalen gelegen, war der kleine Ort am Stemweder Berg früher Grenzland zwischen den Königreichen Hannover und Preußen sowie zwischen dem Großherzogtum Oldenburg auf der anderen Dümmerseite. Folglich waren beispielsweise die Marktgäste aus Haldem oder aus Damme noch bis Mitte des 19. Jahrhunderts echte Ausländer auf dem Brockumer Markt, die selbstverständlich der Verpflichtung unterlagen, auf dem Heimwege an den jeweiligen Grenzen auf bestimmte, gerade erstandene Waren Zoll zu entrichten. Waren die Leute von „hinter dem Berge" und „hinter dem Dümmer" im „Hannoverschen" damals nicht immer gern

gesehene Besucher[7], so ist heute das Grenzdorf Brockum zum Treffpunkt geworden, auf dem sich alte Bekannte[8] der unterschiedlichen Regionen gerne wiedersehen und je nach Wetter- und Stimmungslage ein Bier, eine Tasse Brühe, einen Ströher Schwatten oder einen Glühwein zusammen trinken. *„Ordentlich vertellen, uttusken und fiern"*, ist dann das Motto.

Besonders in früheren Jahrhunderten dienten Märkte der Kommunikation. In einer Zeit, in der es weder Radio, Fernsehen noch Zeitungen gab, erfuhr man dort, wer im letzten Jahr gestorben und geboren war und welche Unglücke die Menschen in der weiteren Umgebung erleiden mussten.

Fritz Lohmeyer nennt einen weiteren Grund für die Bedeutung des Brockumer Marktes: *„Das Aufblühen dieses Marktes ist ohne die Lage des Marktortes in der Nachbarschaft des großen Bruches mit seinem uralten Weidebetrieb nicht zu denken".*[9]

Große Hoffnungen wurden auch von einer anderen Seite an den Verlauf des Brockumer Marktes geknüpft. Obwohl dieser Markt nie als Heiratsmarkt bezeichnet wurde, hieß es im Volksmund, dass *„all die Mädchen, die auf dem Brockumer Markt keinen Schatz abgekriegt haben, nun ein ganzes Jahr warten müssen"* (Diepholzer Kreisblatt 1937). Schon 1908 hatte der Berichterstatter der gleichen Zeitung festgestellt: *„Auf dem Markt bändeln so manche miteinander an. Die Mädels haben sich fein ausstaffiert, die Jungen haben sich Mut getrunken, die Geigen und Brummbässe spielen allerorten – na da kann's nicht fehlen".* Kein Wunder also, wenn man anlässlich hoher Ehejubiläen noch heute in den Heimatzeitungen rund um den Stemweder Berg lesen kann, dass sich das betagte Paar auf dem Brockumer Markt kennengelernt hat.

---

[7] Vgl. S. 42 f.: Zusammenstoß hannoverscher Landdragoner und preußischer Jugendlicher 1819.
[8] Der Autor erlebte noch 1968 anlässlich einer größeren Familienfeier wie an der Theke eines Brockumer Gasthauses drei ältere Herren mit hochroten Köpfen - der Szene war offensichtlich eine heftige Auseinandersetzung vorausgegangen - in der einen Hand ein Bierglas, die andere das jeweilige Lied taktierend, sich gegenseitig ansangen: „Von der Weser bis zur Elbe" (Die lustigen Hannoveraner) bzw. „Heil dir im Siegerkranze" bzw. „Heil dir oh Oldenburg". Nachdem sie ihren nationalen Herzen Luft gemacht hatten, kamen sie wieder zur Besinnung, lachten lauthals und prosteten sich zu.
[9] Lohmeyer, F. Heimatblätter 2. Jg. Nr. 6 S. 44

Wohl jeder der oben genannten Gründe mag nicht unwesentlich zur Popularität des Brockumer Marktes beigetragen haben, doch die primäre Bedeutung dieses Volksfestes liegt vermutlich in der Tatsache, dass er Markt im eigentlichen Wortsinn geblieben ist: Bis heute wird hier angeboten und auch wirklich gekauft. Neben den großen Attraktionen und Superangeboten haben manche Nichtigkeiten und viele Kleinigkeiten ihren Reiz und gerade dieses bunte Sortiment macht gestern wie heute die Attraktivität des Brockumer Marktes aus. Das Angebot ist so vielseitig, dass nicht nur „Seh"- sondern auch „Kaufleute" angezogen werden. Die prall gefüllten Einkaufstaschen vieler heimkehrender Besucher sind Zeugnis für ein lebendiges Marktgeschehen. Hier bekommt Opa alljährlich seinen neuen Hut, Oma die Pantoffeln, Mutter die Gewürze und Vater sein Werkzeug (auch das ist ein Stück Tradition!). Mit dem Brockumer Markt wird die Gelegenheit ergriffen, Produkte des täglichen Bedarfes zu erwerben, deren Kosten im privaten Haushalt längst eingeplant sind. Aber auch die not-wendigen Investitionen für den landwirtschaftlichen Betrieb, sowie für Haus, Hof und Garten werden auf dem Brockumer Markt getätigt. Man kennt Ende Oktober/Anfang November – wie schon erwähnt - die Jahreseinnahmen und kann die nötigen Bestellungen aufgeben.

Die Geschichtlichkeit des Brockumer Marktes ist zwar nicht recht erfassbar, aber doch ein wesentlicher Faktor seiner Anziehungskraft. Als die Gemeinde 1921 wegen häufig schlechten Wetters die Vorverlegung ihres Marktes beim Regierungspräsidenten in Hannover beantragte, erhielt sie eine Absage: Kein Termin frei. Noch einmal stellte 1956 der Gemeinderat offiziell die Überlegung an, den Marktdienstag nicht weiterhin wechselnd zwischen dem 29. Oktober und dem 4. November stattfinden zu lassen, sondern dafür einen fixen Tag zu bestimmen, der mit keinem weiteren Herbstmarkt in Norddeutschland zeitlich kollidieren würde. Doch die weitsichtigen Ratsmitglieder stimmten dafür, die „Dienstag - nach - Simon - und - Judä – Tradition" beizubehalten.

Viehmarkt

„In Brockum geht es total tierisch zu: Der Großmarkt ist Deutschlands ältester, größter und letzter Viehmarkt", so schreibt die Frankfurter Rundschau im Oktober 2001. Der hessische Journalist, vermutlich kein großer Kenner der Marktszene, will mit diesen reichlich euphorischen Worten ein Marktereignis beschreiben, das in Norddeutschland einzigartig ist. Dabei erkennt er, dass in Brockum nicht der übliche Jahrmarktrummel im Mittelpunkt steht, sondern noch immer der von Pferden beherrschte Viehmarkt[10], aus dem sich der heutige Großmarkt erst entwickeln konnte.

Mit dem Auftrieb von Vieh am Dienstagmorgen findet seit mehr als vier Jahrhunderten das vier Tage während Markt-Spektakel seinen krönenden Abschluss. Dann tummeln sich bis zu 89 000 Besucher (1998 geschätzt) auf den Plätzen bei Schwenker und Sollmann sowie in den Marktgassen und Straßen des kleinen Ortes. Rund ums Vieh entsteht Stimmung: Der Brockumer Viehmarkt ist nicht nur Magnet, sondern auch Kult. Folglich schließen an diesem Tage viele Betriebe oder entlassen ihre Beschäftigten vorzeitig, damit ihre Mitarbeiter die einmalige Atmosphäre eines Brockumer Marktbummels erleben können, bei dem die Zeit scheinbar stehen geblieben ist.

Das greift das Westfalenblatt im Oktober 2000 auf: *„Am Dümmer dampfen die Pferde- Ihr Atem steigt dampfend aus den Nüstern und zeichnet sich deutlich ab in den flach einfallenden Sonnenstrahlen des anbrechenden Herbsttages. Rund 300 Pferde und Ponys stehen – an Balken gebunden – dicht beieinander und sorgen für diese Dunstglocke über ihren Köpfen. Großparkplatz zu Wildwest-Zeiten irgendwo in einem staubigen texanischen Wüsten-Vorort? Weit gefehlt! Eine Szene vom Viehmarkt in Brockum (Kreis Diepholz). Diese 1000-Seelen-Gemeinde ... pflegt liebevoll eine Jahrhunderte alte Tradition, die eine vielbesuchte Attraktion darstellt und gleichzeitig eine nostalgische Zeitreise ist."*

---

[10] Zwar wurden in Brockum auch früher schon Rinder und Schweine angeboten, aber ihre Zahl konnte bis 1969 nie die der Pferde erreichen (s. Grafik i. Anhang).

Wer das Marktgeschehen des inzwischen wohl bedeutendsten lebendigen Viehmarktes in Norddeutschland voll erleben will, muss früh auf den Beinen sein, denn der Auftrieb der Tiere beginnt vor dem ersten Tageslicht. Während das Vieh früher direkt von Bauer zu Bauer verkauft wurde, laufen die Geschäfte heute fast ausnahmslos über die Viehhändler, die mit ihren schwer beladenen Fahrzeugen ab 6.00 Uhr das von der Gemeinde schon Tage zuvor besonders eingerichtete Gelände ansteuern.

2003   Foto: W. Lübker

Dort erhält jeder Händler seinen Bereich zugewiesen. Der Verkäufer, in einen grauen Kittel gehüllt, den hellen Spazierstock über die Tiere schwenkend, preist lautstark und mit wichtiger Miene die Vorzüge seiner Pferde oder Rindviecher an. Der potentielle Käufer schreitet gemessenen Schrittes scheinbar gelangweilt um die Tiere herum, begutachtet aber fachmännisch, energisches Kopfschütteln und höhnisches Lachen ob der enormen Preisvorschläge des Händlers: Maul aufklappen, Zähne prüfen, Hufe hochheben. Die Qualität der angebotenen Ware wird grundsätzlich bezweifelt. Dann ein sehr niedriges Angebot des offensichtlich aber Interessierten. Der Besitzer zetert und fordert das Doppelte. Hin und her. Es geht zu wie auf einem orientalischen Basar: Hauptsache ist das Feilschen. Der Handel stockt. Un-

Foto: Diepholzer Kreisblatt

terbrechung und gemeinsame geschäftsfördernde Stärkung an irgendeiner der zahlreichen Destillen. Wieder zurück zum eigentlichen Ort des Geschehens. Völlig unverständlich für die umstehenden Zuschauer kommt es nach scheinbar unüberbrückbaren Differenzen zwischen den Preisvorstellungen und den Auffassungen von der Qualität eines Tieres plötzlich doch zur Besiegelung des Kaufs durch den traditionellen wechselseitigen Handschlag. Wenn die „garnierte Runde" die beiden Kontrahenten noch einmal an der Theke vereint, endet fast jeder Handel mit der Feststellung des Händlers, dass sein Tier total unter Preis weggegangen sei und ihn dieses Geschäft in den Ruin stürzen werde.

Anschließend liefert der Händler die größeren Neuerwerbungen direkt im Stall des neuen Besitzers ab, während der Käufer von Kleinvieh seinen neuen Besitz eigenhändig im Pappkarton nach Hause tragen muss.

1987   Foto: M. Schütz

Nach dem 2. Weltkrieg änderte der Brockumer Viehmarkt seinen Charakter. Wurde 1947 noch erwähnt, dass nach den viehmarktfreien Kriegs- und Nachkriegsjahren 1944, 45 und 46 *„von dem einst berühmten Brockumer Pferdemarkt auch in diesem Jahr nichts vorhanden war"* (Leski), so begann in den Jahren danach wieder der gewohnt lebhafte Viehauftrieb. Doch zitierte die Diepholzer Zeitung schon 1953 einen Haldemer Bauern und guten Pferdekenner, der immer die schönsten Passgespanne gefahren habe: *"Das Interesse der ländlichen Jugend gilt schon heute mehr der Maschine als dem Pferd, so daß es nur noch wenige Jungbauern und Landwirtschaftsgehilfen gibt, die ein flottes Gespann richtig zu behandeln und damit umzugehen wissen. Die unausbleibliche Folge werde sein, daß schon in einigen Jahren züchterisch wertvolle und edle Pferde kaum noch gehalten würden. Da-*

für werde neben dem Trecker das schwere Arbeitspferd in den Vordergrund treten." Und weiter berichtet der Reporter: *„Und von edlen Tieren wurden (leider!) mehr angeboten als gekauft. Wie viele achtjährige und ältere Hannoveraner und Oldenburger sahen wir aus guten Züchtungen, welche die roten Zeichen der Pferdeschlächter trugen! Und wie erschreckend viele Fohlen standen nachher auf den großen Transportwagen, denen auf dem Brockumer Markt nicht mehr das Leben gerettet werden konnte![11]... Wohin die Entwicklung geht, das konnte der am besten erkennen, der zwischen 10 und 11 Uhr vom Pferdemarkt auf das weite Gelände mit der Maschinenausstellung hinüberwechselte. ... Bei den Maschinen, seien es Trecker oder Vielfachgeräte, Düngerstreuer mit Zapfwellenantrieb oder Mus- und Reinigungsmaschinen, neuzeitliche Jauchepumpen, Kartoffelvollernter oder sogar Nähmaschinen, hielten sich die Besucher auf"*.

1964 stellt dieselbe Zeitung erneut eine Veränderung auf dem Brockumer Viehmarkt fest: Zwar habe der Viehauftrieb zahlenmäßig stark abgenommen, doch sei eine bessere Qualität zu beobachten. Interessenten könnten auf dem Brockumer Markt sowohl für den Reitsport als auch für die Zucht Tiere erwerben.

Auch die folgenden Märkte verzeichneten ungewöhnlich hohe Auftriebszahlen (s. Schaubild im Anhang), wofür nicht zuletzt der Beschluss der Gemeinde, auf vorausgehende Anmeldung des Großviehs und auf Standgeld zu verzichten, beigetragen haben mag.

Noch 1954 wurden für jedes aufgetriebene Pferd 1,50 DM und für jedes Rind 1,-- DM verlangt, so dass die Abrechnung der Gemeinde wiedergibt: R. Masch für 6 Pferde 9,-- DM, Rensmeyer Lüdeker für 87 Pferde 130,50 DM, Lindemann, Dewald für 190 Pferde 285,-- DM, Becker für 115 Pferde 172,50 DM, G. Hoffschneider für 42 Pferde 63,-- DM und Meyer für 40 Pferde 60,-- DM.

Noch hat das Pferd als Maskottchen und Werbeträger des Brockumer Marktes seine Berechtigung. Doch die vom Großvieh unbesetzten Flächen sind längst von allerhand „Viehzeug" eingenommen worden. Auf den Viehmärkten der vergangenen Jahre konnte man Esel, Lamas, Hängebauchschweine, Ziegen, Schafe, Hunde, Katzen, Kaninchen, Meerschweinchen, Hamster, Schildkröten, aber auch allerhand Federvieh wie Gänse, Enten, Hühner, Puten, Tauben, Wellensittiche, Papageien, und Kanarienvögel begutachten und kaufen.

Es wird einfach alles gehandelt, was Beine oder Flügel hat. Ganz offensichtlich unterliegt der Markt einem allmählichen Wandel: immer weniger Vierbeiner, dafür umso mehr Zweibeiner. Doch selbst exotische Reptilien wie grüne Grasnattern, gelbe und schwarze Erdnattern oder Strumpfbandnattern sind auf dem Brockumer Markt anzutreffen, was nicht immer – besonders im Regen – problemlos bleibt; denn Tierschützer stellen die grundsätzliche Frage (also nicht nur auf dem Brockumer Markt!), was denn ausgesprochene Heimtiere und Exoten auf einem Viehmarkt zu suchen haben.

Wegen dieser Auswüchse, aber auch wegen der Tierseuchen vergangener Jahre vermehren sich die Auflagen des Landkreises, der zwar 2002 grundsätzlich seine Zustimmung zur Durchführung des Viehmarktes erteilte, diese aber an verschiedene, sehr eindeutige Bedingungen band; als Beispiele seien genannt:

2.) Der Verkauf auf den Parkplätzen ist nicht gestattet.

5.) Nur gesunde, gut ernährte und unverletzte Tiere dürfen zum Verkauf angeboten werden. Erkennbare scheue, nicht an die Bedingungen gewöhnte Tiere dürfen nicht zum Tausch oder Verkauf angeboten werden.

7.) Vögel (außer Enten, Gänse, Tauben, Truthühner und Haushühner), Reptilien, Amphibien, Spinnentiere und Fische dürfen nicht ausgestellt oder angeboten werden.

8.) Hunde und Katzen dürfen nicht zum Verkauf angeboten werden.

9.) Käfige (außer für Geflügel) müssen in Tischhöhe aufgestellt werden und der Abstand zu den Besuchern muss mindestens 50 cm betragen.

10.) Unter diesem Punkt folgen zahlreiche Auflagen für die Art der Verkaufskäfige.

11.) Den Tieren muss ständig Futter und Wasser zur Verfügung stehen. Bei Kleinsäugern kann statt Wasser auch Feuchtfutter gegeben werden.

12.) Die angebotenen Tiere sind ständig vom Tierhalter oder von einer von ihm beauftragten Person zu beaufsichtigen.

13.) Hinweise für die Tierart **Rind**:

---

[11] Überwiegend wurden die Schlachtpferde damals nach Holland, Belgien und Frankreich verkauft.

Sämtliche Rinder müssen aus amtlich aner-
kannten tuberkulose- und brucellosefreien,
sowie leukoseunverdächtigen Beständen stammen und sie müssen den Status BHV1-freies
Rind haben…

14.) Hinweise für die Tierart **Pferd**:
Einhufer (Pferde, Esel und Maultiere) müssen
von einem gültigen und vollständig ausgefüll-
ten Equidenpass begleitet werden.

16.) Hinweise für die Tierart **Geflügel** (Gänse,
Enten, Tauben, Truthühner, Haushühner**):**
Das Geflügel muss mit nummerierten Fußrin-
gen gekennzeichnet sein. Truthühner und
Haushühner müssen gegen die Newcastle-
Krankheit (ND) geimpft sein …

Neben einem vielfältigen Angebot von Tieren
wird auch das nötige Zubehör verkauft. Da
fehlt nichts, was echte „Tierfreunde" dem daheimgebliebenen Liebling, egal ob Pferd oder
Hund, vorenthalten mögen und was Herrchen
oder Frauchen gegen allerhand Wehwehchen
unbedingt benötigen: *„Wer brennende Füße
verspürt, wer ein Kratzen im Hals hat, wer
seine Durchblutung fördern möchte … es gibt
für alle das richtige Mittel, vorausgesetzt man
glaubt daran"* (Diepholzer Kreisblatt). Zu
Risiken und Nebenwirkungen kann später allerdings kein Arzt oder Apotheker zu Rate
gezogen werden.

Nicht nur die Struktur des Viehmarktes änderte
sich im Laufe des 20. Jahrhunderts stark, auch
sein Standort wechselte. Ursprünglich fand der
gesamte Markt an der Landesstraße L 346
zwischen den Querstraßen „An der Esse" und
„Sonnenstraße" statt. Leski schreibt dazu:
*„Vor 1927 standen die Rinder gleich am Dor-
feingang (bei Rüsse). Pferde wurden gehandelt
von Klanke bis Koch (westl. Teil ‚An der Esse') oder Ehlert und auch von Koch bis Tred-
demeyer bzw. bis Kammeyer. An der jetzigen
Hauptstraße Lemförde – Oppendorf standen
die Buden. Das Karussell wurde oft an der
Gastwirtschaft Müller aufgebaut, weil dort
noch Platz vorhanden gewesen ist. An der
Straße hatte man einen Streifen Land von etwa
3 m Breite bei der Verkoppelung für den
Krammarkt liegengelassen. Er zog sich fast bis
in die Nähe von Wendt hin. Dort standen aber
auch oft schon Zigeunerwagen, insbesondere
in der Kuhle gegenüber Wendt (wo heute die
Mühle Rüter steht). Selbst auf den Kleiwegen
schlugen Zigeuner ihre Quartiere auf. Das
muß ein Leben gewesen sein! In der Nähe von*
*Wendt – Krone standen Bauern mit Ackerwa-
gen und priesen ihre Ferkel an, die laut
quietschten, wenn sie in die Höhe gehalten
wurden. 3 Mark das Stück! Schmale aus
Brockum soll sogar noch ein drittes Ferkel
zugegeben haben (Schweine wurden auf dem
Markt in der Hauptsache bis zu Beginn des 1.
Weltkrieges gehandelt)".*[12] 1927 verlegte die
Gemeinde den Viehmarkt auf den damaligen
Sportplatz, der sich gegenüber dem heutigen
Niedersachsenhof befand (Kram- und Vergnü-
gungsmarkt verblieben noch drei Jahre an der
alten Stelle)[13].

Der „Marktbummler" vom Diepholzer Kreisblatt stellte 1931 fest, dass *„das neue Gelände
ungeheuer viel zur Hebung des Marktbildes
beigetragen hat. Nicht nur ist jetzt alles schön
dicht zusammen, Vieh und Kram und Vergnügen und Zelte mit Erquickung, sondern der
Platz liegt auch geschützter gegenüber den
Unbilden der Witterung … und der Untergrund
ist fester. … Auch die Ausdehnung des
Krammarktes auf 2 Tage, die mit dem Umzug
an den neuen Standort Hand in Hand ging, hat
natürlich sehr zur Hebung des Marktes beigetragen".*

Erst ab 1960, als sich die Landmaschinen- und
Gewerbeausstellung immer weiter ausdehnte,
erfolgte der Viehauftrieb auf dem Grundstück
von Schwenker und wenige Jahre später auch
bei Sollmann.

---

[12] *„Mittags standen die ‚preußgen Wittfeute' hinter der
Scheune bei Wendt und aßen ‚Pickert', … die sie aus
ihren großen Tüchern ausgewickelt hatten. Die preußi-
schen Frauen trugen recht kleidsame Trachten: u.a. mit
Leder besetzte Plüschschuhe und hellblaue Strümpfe
(Wittfeute). Abends waren die hellen Strümpfe oft
schwarz, besonders wenn auch noch ein Schuh im
Schlamm verloren ging"* (Leski).

[13] Als 1928 die Kreistagsmitglieder eine Besichtigungs-
fahrt durch den Süden ihres Wahlbezirks unternahmen,
berichtete Dr. Ernst Schröder in den Heimatblättern (3.
Jg. Nr. 7 S. 51): *„In Brockum wird ein Abstecher nach
dem neuen Marktplatz gemacht, der im vorigen Jahre
bereits seine Feuertaufe erhalten hat und einem Auftrieb
von Pferden gewachsen ist, wie ihn der berühmte Markt
noch nicht gesehen hat. Am Eingang steht noch, etwas
windschief zwar, die Ehrenpforte vom Turnfest des Stem-
wederbergverbandes und weist im Verein mit den Fuß-
balltoren auf den anderen Zweck des Platzes hin, nämlich
als Tummelplatz zu dienen für die Jugend von Brockum,
die den Ortsvätern dankbar ist für die großherzige Tat.
Links, unter Bäumen fast versteckt, erblickt man die
Traversen des neu angelegten Schießstandes. So hat man
denn in Brockum, begünstigt von der Natur, die den Platz
durch einen mit Kiefern bestandenen Wall nach hinten
abschließt, und dank dem Entgegenkommen eines opfer-
willigen Einwohners (Schnittker), eine Anlage geschaf-
fen, wie sie weit und breit ihresgleichen suchen kann."*

Als direkte Marktanlieger erhielten beide Grundstückseigentümer das Schankrecht für den letzten Tag des Marktes. Gisela und Otto Schwenker erinnern sich: *„Wir hielten damals noch Vieh. Die Rinder weideten draußen, aber Ende Oktober/Anfang November waren die Milchkühe natürlich aufgestallt. Wände und Decke der Diele waren in wochenlanger Vorarbeit gesäubert und geweißt, aber der eigentliche Kuhstall konnte erst nach dem Melken und Füttern zu einem „Marktlokal" hergerichtet werden. Während die Tiere noch im Dunkeln, aber schon im anrollenden Marktverkehr auf die Weide bei Kütenbrink getrieben wurden, musste schnell zugepackt werden: Erst verkleideten wir mit Laken, später mit nummerierten Holzplatten den Kuhstall. Auf der Diele standen bereits die Tische und Stühle, die wir am Vortage vom Zeltverleiher aus Oppenwehe geholt hatten. Nun wurde schnell eingedeckt, denn der Ausschank für die ersten Viehhändler sollte ab 6.00 Uhr beginnen. Die Flasche Bier kostete im ersten Jahr 60, der Wachholder 25 Pfennige. Wir boten damals nicht nur Brühe und Brötchen, sondern Eintopf und komplette Mittagsgerichte mit Kotelett und Braten an, den der Bäcker tags zuvor im Ofen gebraten hatte. Rechtzeitig vorm Markt hatten wir zwei Schweine geschlachtet, die nun in Form von Wurst und Fleisch auf die Teller der Gäste wanderten. Vorher mussten jedoch alle Helfer der Küche zum Gesundheitsamt nach Diepholz fahren, um sich dort röntgen zu lassen. Auch die Küche wurde einer genauen Prüfung unterzogen: Der Landkreis kontrollierte am Marktmontag die Herde, die Töpfe, die Geräte, die Vorratsräume und die Toilette. Am arbeitsaufwendigsten wirkte sich für uns die Forderung von Bürgermeister Wendt aus, ein oder zwei ruhige Zimmer zu schaffen, in denen die Viehhändler sicher den Zahlungsverkehr abwickeln konnten. Es blieb uns nichts anderes übrig, als alljährlich die Stube und die Kammer auszuräumen. Und die ganze Arbeit für nur einen Tag!!!*

Leichter wurde sie erst nach 13 Jahren, als wir uns vom Milchvieh trennten, denn nach diesem turbulenten Tag mit ungewohnter Arbeit musste ja noch der Kuhstall wieder hergerichtet und die Tiere von der Weide geholt werden. Wenn wir heute im längst umgebauten Stall unsere Marktgäste mit einem verkleinerten Angebot bewirten, wobei wir den größten Teil der Vorbereitungen langfristig erledigen können, denken wir mit gemischten Gefühlen an *die aufregende Zeit der damaligen Provisorien".*

Der Einzugsbereich der Pferdeanbieter umfasste schon vor dem zweiten Weltkrieg einen Umkreis von 30 oder auch gar 40 Kilometern. So erinnern sich alte Brockumer daran, dass Bauern und Knechte z. B. aus dem Barnstorfer oder Nienburger Raum über Feldwege gen Brockum ritten, wobei sie manchmal ein weiteres Dutzend Pferde am Halfter mitführten (notfalls wurde der Sattel mitverkauft, dann brauchte man ihn nicht auf dem Rücken heimzutragen). Damit die Pferde am Marktmorgen keinen müden Eindruck hinterließen, wurde die Anreise auf den Montag vorverlegt. Die Nacht verbrachten Pferdeknechte und Vieh in den Scheunen der Brockumer Bauern. In manchen Jahren war die Nachfrage nach Schlafquartieren so groß, dass einige Brockumer kurzerhand Stroh in ihre Stuben, Kammern und Küchen schütteten, um zusätzlich Leute aufherbergen zu können. Am nächsten Tage wurde sauber gemacht und weißer Sand gestreut. Die Brockumer Knechte strichen zufrieden das Trinkgeld ein, das ihnen die Gäste zusteckten.

Weil seit der Marktverlegung der Aufbau der Buden und Verkaufsstände schon im Laufe des Montags erfolgte, konnte ausgelassen Marktsilvester gefeiert werden. Während sich die älteren Pferdeknechte bei Kartenspiel und Schluck die Stunden bis zum eigentlichen Marktbeginn verkürzten, schwangen die jungen Leute in den vier Sälen bei Corshenrich, Koch, Krone und Müller das Tanzbein. Auch manches Pferd soll schon am Montag seinen Besitzer gewechselt haben.

Bevor sich Brockums Bevölkerung für eine Nacht verdoppelte oder gar verdreifachte, herrschte in dem kleinen Ort geschäftiges Treiben. Dazu ist im Marktbericht des Diepholzer Kreisblattes 1902 nachzulesen: *„Brockum empfängt jedenfalls seine Gäste, welche an diesen Tagen in hellen Haufen herbeiströmen, festlich. Haus und Hof ist, zum Theil unter Heranziehung von Handwerkern, in Stand gesetzt, in jedem Hause ist man auf Besuch, Bekannte oder Fremde eingerichtet, Kuchen ist überall gebacken. In früheren Jahren beherbergte man einen Jeden der kam und beköstigte ihn umsonst, ... die alte ... Sitte hat weichen müssen, und gegen Bezahlung kann man auch jetzt in jedem Hause übernachten, essen und trinken; mindestens Schnapsverkauf* *ist in jedem Hause, die Concession ist vogelfrei".*

Auch Fritz Lohmeyer beschreibt diese Situation: *„Ein wenig sorgenvoll sieht die Hausfrau dem herannahenden Markt entgegen. In Erwartung zahlreicher Gäste aus der Ferne hat sie Zurüstung zu treffen. Am Tage vor dem Marktabend rauchen auf allen Höfen in stundenweitem Umkreise, auch im Kaspel (= Kirchspiel) Burlage die Schornsteine der Backhäuser. Die ersten Hammel und Mastschweine müssen ihr Leben lassen".* [14]

Das Dorf Brockum glich damals in den Markttagen einem Heerlager. In der Nähe der Lemförder – Rahdener Landstraße, die in jenen Jahren als Marktplatz diente, *„waren die Häuser wahre Massenquartiere, deren Anblick Bauernbreughelschen Volksszenen geähnelt haben muss. Es hat sich seit hunderten von Jahren die Sitte herausgebildet, daß einige Brockumer Familien alljährlich dieselben Marktbezieher aus der weiteren Umgebung beherbergen. So kann man z. B. noch heute viele Landwirte aus Wagenfeld und Barver bei ,Bur Lampe' und ,Bur Rensmeier' antreffen".* [15]

Leski erfuhr von Zeitzeugen, dass die Brockumer am Montagabend ihren Gästen nach der langen Anreise meist Sauerkraut und Schweinebacken angeboten haben. Am Markttage selbst soll traditionell in vielen Häusern Weißkohl und Speck gegessen worden sein.

Auftrieb von Pferden und Rindern

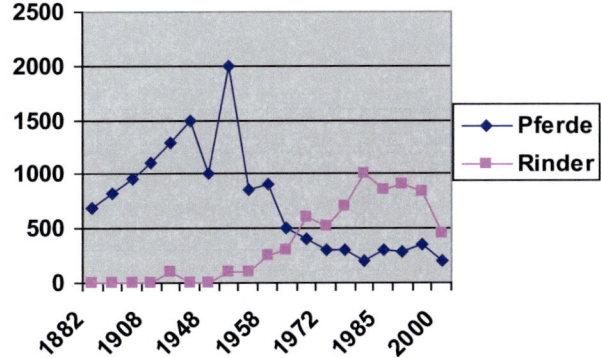

Grafik vergrößert s. Anhang

---

[14] Lohmeyer, F.: Heimatblätter für die Grafschaft Diepholz, 2. Jahrg. Nr. 6, S. 42 - 44
[15] ebenda

Landmaschinen- und Gewerbeausstellung

In den 50er Jahren ging mit der Motorisierung der Landwirtschaft die Nutzung des Pferdes als Arbeitstier immer weiter zurück. So mussten sich die Verantwortlichen in Brockum nach einem neuen Standbein für ihren Markt umsehen. Das konnte nur der Ausbau der Landmaschinenausstellung sein, die sich seit 1950 gleich neben dem Viehmarkt Stück für Stück entwickelte.[16] Außerdem gliederte Bürgermeister Gustav Wendt dem Markt 1954 eine Gewerbeschau an, die seine Nachfolger Friedrich Lohmeyer, Hermann Schnittker und Ingrid Thrien ständig ausbauten.[17]

Heute trägt diese Schau, die den Charakter einer echten Wirtschaftsmesse angenommen hat und von heimischen und überregionalen Unternehmen gern beschickt wird, nicht unwesentlich dazu bei, dass der Brockumer Markt bei Jung und Alt zu einem unwiderstehlichen Magneten geworden ist. So ist für viele Besucher der Brockumer Markt längst nicht mehr in erster Linie Viehmarkt, sondern die gelungene Kombination von Vergnügungsmarkt und Wirtschaftsschau. Hier treffen sich die Landwirte aus der näheren und weiteren Umgebung zur Information und zum Erfahrungsaustausch.

Ein Marktbesucher, der nicht aus der Landwirtschaft stammte, fragte 1955 auf der Landmaschinenausstellung angesichts der vielfältigen Maschinen die an einen Traktor gehängt werden können, staunend einen Landwirt: *„Und was tut ihr Bauern denn den ganzen Tag?"* Die Antwort lautete: *„Genau so viel wie früher, oder gar noch mehr, denn wir müssen auch die Arbeit der Knechte mitmachen,* *die sonst auf unseren Höfen waren, heute aber längst in die Stadt abgewandert sind".*

Auf dem riesigen Freigelände präsentiert sich auch heute die modernste Landmaschinentechnik, wobei der Trend – wie schon lange Zeit feststellbar – zu weniger Ausstellungsstücken, dafür aber immer größeren Einheiten geht, eine Folge des Wandels in der Landwirtschaft. Natürlich kann sich der Interessierte auch über ganz neue Entwicklungen in der Mikroelektronik informieren. Unter dem Motto „Alles für Hof und Garten" werden auf der Landmaschinenschau heutzutage aber nicht nur die professionellen Landwirte, sondern ebenso die Hobby-Bauern, Hausbesitzer und Freizeitgärtner angesprochen.

Mit dem anderen Angebot haben auch die Ausstellerfirmen gewechselt. Waren in den 50er Jahren überwiegend die heimischen Schmiedemeister die Anbieter, sind es heute die Großhändler oder direkt die Hersteller.

Die neu angegliederte Gewerbeschau war es, die den Brockumer Markt zeitlich ausdehnte. Da ohnehin vor Marktbeginn allerlei Leben im Ort herrschte, erweiterte die Gemeinde ihren Markt offiziell um den Sonntag und Montag vor dem Viehmarkt-Dienstag.[18] Die Verlängerung hat sich bewährt, stellte bereits 1964 das Diepholzer Kreisblatt fest. *„Schon am Sonntag kommen viele, vor allem Eltern mit ihren Kindern, um einen Bummel über den großen Kram- und Vergnügungsmarkt zu machen …und um die Gewerbe- und Landmaschinenschau, die mit einem kaum übersehbaren Angebot aufzuwarten hat, eingehend zu besichtigen".* Es sprach sich schnell herum, dass man zum Brockumer Großmarkt mit der ganzen Familie fahren kann; denn so unterschiedlich die Interessen auch sein mögen, für jeden gibt es dort etwas zu sehen. Weiter schrieb der Redakteur im gleichen Jahr: *„Der ruhigere zweite Tag, der Montag, gibt den Brockumern Gelegenheit, ‚ihren' Markt zu besichtigen".* Das war auch der Tag, an dem in den 70ern und 80ern die Einheimischen abends im Bayernzelt ausgelassen „ihren Markt" feierten und stimm-

---

[16] Auf Anregung des Ratsherren Günter Schmiegel zeigten die Brockumer Schmiede Rüsse und Themann in Zusammenarbeit mit den Landmaschinenhändlern und –werken einen Einblick in den Fortschritt der Landmaschinentechnik. Im ersten Jahr stellte auch der Brockumer Stellmacher Uetrecht selbstgefertigte Ackerwagen aus; doch musste er erkennen, dass es dafür keine Nachfrage mehr gab. Das Diepholzer Kreisblatt berichtete 1950: *„Die Industrie hat nebenan* (Pferdemarkt) *eine kleine, aber ganz respektable ‚Leistungsschau' aufgebaut – vom Kleingerät bis zum Kipplastwagen, Trecker und Dreschmaschine."*

[17] Das Diepholzer Kreisblatt stellte 1954 fest: „Das war schon ein glücklicher Einfall, den so beliebten und aus allen Himmelsrichtungen gut besuchten Markt durch eine ansehnliche Schau heimischer Firmen zu erweitern. … Die Ausstellung ist abwechslungsvoll aufgebaut."

[18] Auf vielfachen Wunsch der Aussteller und Beschicker wurde ab 1967 schließlich auch der davor liegende Samstag dem Markt hinzugefügt, so dass das Volksfest nun vier Tage währte.

gewaltig eins ihrer „Wichter" zur Königin krönten. Markt war und ist für die Brockumer ein Identitätserlebnis!

Für vier Tage wird die Gewerbeschau zum gut sortierten Kaufhaus, *"in dem es nichts gibt, was es nicht gibt: Dabei haben es die Macher verstanden, Daueraussteller und Einsteiger zu einer regelrechten Verbrauchermesse zu vereinen"* (Diepholzer Kreisblatt 1997)

Darüber hinaus sind viele Firmen und Institutionen mit Informations- und Beratungsständen vertreten. So boten sich in den 70ern die Kreissparkasse und die Volksbank als Ansprechpartner in Finanzfragen an. 1981 informierten die Rheinisch-westfälischen Elektrizitätswerke (RWE) in ihrer mobilen Beratungsstelle, wie vorhandene Heizungsanlagen auf Erdgas umgestellt werden können und dann nicht nur Energie sparen helfen, sondern auch einen Beitrag zum Umweltschutz liefern. Auch die Landwirtschaftliche Berufsgenossenschaft (1986) und der Bundesgrenzschutz (1993) waren mit Informationsständen im Gewerbezelt vertreten. Ebenso stellte dort das Diepholzer Kreisblatt seine Arbeit dar und trug mit einem Stapel von Zeitungen, deren Anzahl und deren Gesamtgewicht zu schätzen waren, gleichzeitig zum Marktvergnügen bei. 1997 stellte sich der Marktausschuss in den Dienst einer besonders guten Sache: die „Deutsche Stiftung Organtransplantation" stellte aus.

Es ist schon ein Phänomen, dass Tausende ihren Obolus von 2,50 € (im Jahr 2003; 1954 waren es noch 50 Pfennig) entrichten, um sich anschließend Waren anzusehen oder etwas kaufen zu dürfen. Mit dem Eintritt wird vorsortiert: Wer nur den Spaß des Marktes sucht, bleibt auf dem Kram- und Vergnügungsmarkt, wer sich dagegen auf dem riesigen Freigelände ernsthaft über die Neuheiten der Landmaschinentechnik informieren oder in der überdachten Zeltstadt die Angebote des täglichen Bedarfs für Haus und Garten vergleichen möchte, der lässt sich vom Erwerb einer Eintrittskarte nicht abschrecken.[19] So übernehmen die Besucher einen Teil der Marktkosten, die sonst allein die Aussteller über die Standgelder zu entrichten hätten. Infolgedessen konnte die Gemeinde im Laufe der Jahre umfangreiche Maßnahmen zur Verbesserung der Infrastruktur des Marktgeländes treffen und dennoch mit

---

[19] Größeren Familien und sozial schwächer gestellten Besuchern kommt die Gemeinde bekanntlich mit dem eintrittsfreien Marktmontag entgegen. Fällt dieser auf den 1. November, d. h. auf „Allerheiligen", so ist der Samstag eintrittsfrei.

ihrer Preisgestaltung die sonst üblichen Gebührensätze unterbieten. Die Richtigkeit dieser Strategie beweist das lebhafte Interesse der Aussteller an dem jung gebliebenen Jubilar Gewerbeschau (1954 bis 2004 = 50 Jahre).

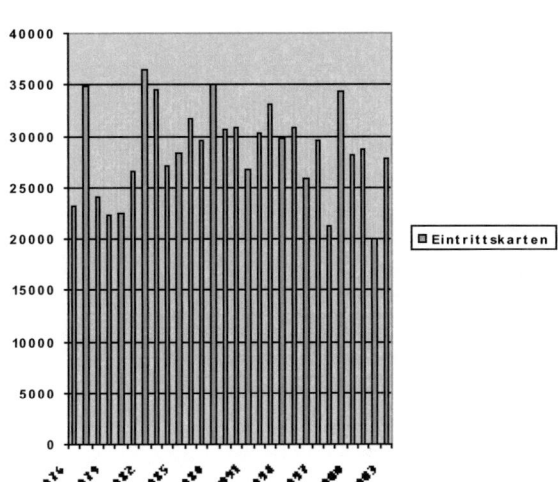

Grafik vergrößert s. Anhang

Am Nachmittag des Viehmarkt-Dienstags erleben die Ausstellungen noch einmal den Ansturm ganz besonderer Kunden, wenn nämlich an manchen Ständen die Preise sinken. Schließlich lassen verschiedene Händler lieber einen Teil ihrer Gewinnspanne in Brockum, als dass sie die fabrikneuen Maschinen und Geräte wieder im eigenen Geschäft aufstellen oder gar zur Fabrik zurücktransportieren.

Mit der Angliederung der Landmaschinen- und Gewerbeschau erfuhr der Brockumer Markt eine echte Bereicherung. Das vielfältige Angebot macht den eigentlichen Reiz des heutigen Großmarktes aus. Die konstant starke Nachfrage nach Eintrittskarten bestätigt das.

Aus dem Landkreis Diepholz und dem Altkreis Lübbecke waren 24 Jahre später dank einer Aufstellung der Gemeindeverwaltung von 1978 folgende Firmen vertreten:

Freigelände

Buschmann, Rahden (Melkmaschinen), **Bachmann**, Arrenkamp (Jauchepumpen), Eggerking, Düversbruch (Stalleinrichtungen), **Fahrenhorst**, Destel (Schlepper), **Grabenkamp**, Tonnenheide (Schlepper), Kaufmann-Grote, Wagenfeld (Ausstellungswagen), Harzmeier, Kirchdorf (Gleichdrucklüftung),

Homeier, Lübbecke (Motorgartengeräte), **Meyrose**, Haldem (Landmaschinen), Mundt, Oppenwehe (Melk-Kühlanlagen), Rako, Sulingen (Lagersilos / Klimageräte), **Siegel**, Lembruch (Leitern), Spreen, Pr. Ströhen (Futterwagen), Schimitzek, Espelkamp (Überdachungen), Trillmilch, Espelkamp (Entmistungen), **Wehrmann**, Eilshausen (Förderanlagen / Silos), Ey, Stemshorn (Landmaschinen), Dahl, Espelkamp (Stalleinrichtungen).

<u>Zelte</u>

Meerhoff, Wehe (Möbel), Uhtbrock, Wehdem (Wäsche), **Schomäcker**, Dielingen (Blumen u. Gartenanlagen), Thielemann, Tielge (Überdachungen), Droop, Stemshorn (Nähmaschinen), Hackstedt, Lemförde (Kunststoffe), Holsing, Pr. Oldendorf (Möbel), Dreß, Lemförde (Lebkuchen), Oberfeld, Lemförde (Elektroartikel), Schinken-Deele, Ströhen (Schinken), Kolkhorst, Tonnenheide (Kunststoffe), Fulle, Barnstorf (Bodenbelag), Quade, Rahden (Metallfenster), Kreissparkasse Diepholz, Wessel, Lemförde (Möbel), Würl, Lemförde (Teppiche), Redeker, Wehdem (Versicherung), Bohnes, Lemförde (Bastelartikel), Kaz, Lübbecke (Lederwaren), Domus, Espelkamp (Bodenbelege), Wittenbrink, Westrup (Möbel), Kristen, Diepholz (Kunststoffe), Mutterhaus, Lemförde (Bücher), Finke, Hedem (Textilien), Neuhaus und

Sandmeier, Espelkamp (Büro-Center), **Reimann** und Pohl, Lemförde (Fenster und Rollä-den).[20]

Landmaschinenausstellung 1960   Foto: Dieph. Kreisblatt

im Gewerbezelt 1964   Foto: Dieph. Kreisblatt

Landmaschinenausstellung 2003   Foto: W. Lübker

im Gewerbezelt 2003   Foto: W. Lübker

Ohne Zweifel ist die Landmaschinen- und Gewerbeschau nicht nur zu einem Spiegelbild der wirtschaftlichen Struktur unseres Raumes

---

[20] Die fett gedruckten Firmen waren noch 2002 auf dem Freigelände bzw. im Gewerbezelt vertreten.

geworden, sondern auch zu einem wichtigen Werbeträger für unsere gesamte Region.

Kram- und Vergnügungsmarkt

Schon in den Kalendern von 1902 findet sich der Eintrag: *„4. November Brockum, Vieh-, Pferde- und Krammarkt".* Zu allen Zeiten hat es in Brockum vermutlich die Kombination von Markt und Vergnügen gegeben, denn Kirmes, also Kirchweihfest stand schon immer für ernste Geschäfte auf der einen, Spiel, Spaß und Spannung auf der anderen Seite. 1908 berichtet das Diepholzer Kreisblatt: *„Als Pferdemarkt ist der Brockumer Markt weithin bekannt, wer ein Fohlen braucht, begibt sich dorthin, und die Zahl derjenigen, die solche verkaufen wollen ist noch größer. Aber auch als Krammarkt hat der Markt noch Bedeutung, wenn auch nicht in dem Umfange, wie in früheren Jahren, wo so manche Familie ihren Jahresbedarf an Kleidungsstücken, Hausgerät usw. auf dem Markt deckte".* Lohmeyer beschreibt 1925 die Situation als Insider: *„In Brockum erinnern nur noch wenige Stände an die einstige Bedeutung der Lokalmärkte für die heimische Hausindustrie: hölzernes Geschirr aus Oppendorf und Rahden, Mützen aus Wehdem, Wannen und Körbe aus Damme und Rahden, schweinsledernes Riemenzeug und Aalhautbänder für Dreschflegel".*

Dennoch war das Angebot schier unendlich; der Marktbummler aus Diepholz zählte 1908 auf:

Pott un Pan un Schinkenteller, Brotmesser, Kartuffelscheller,
Kaffeekannen, bunte Tassen, Borttass', de to'n Snorrbart passen,
Kaffeemöhl un tinnern Lepel, för den Bur'n hölten Schepel,
Korf, wo Eier rintopacken, Puddingform to'n Puddingbacken,
Semmot, „Heiß-Heiß" rintostippen un to'n Graben isern Schüppen,
Forken-, Sensen-, Harkenstähl, Ossen-, Peer-, un'n Hunnesähl,
För de Schoh de Snö'erbänner, Höt' mit small' un breede Ränner,
Blomen, frisch in Blomenpötte, Kinnertüg in jeder Grötte,
Böxen, Jack un bunte Weste, Kleedertüg un grote Reste,
Breefpapier un Plackenseepe, echte, starke Tau'n un Reepe,
Waterdichte Schirm un Stöcke, Schoh un wullen Ünnerröcke,
För de Döntz een Teppichlöper, för de Schoh een Schohtoknöper,
Knöp för Vorhemd un för Kragen, Smuttaal för den hollen Magen,
Riepe Appel, Birn'n un Plumen un dorto een irden Kummen,
Böxenknööp un Hosendräger, Heidbessen un Döntzenfeger,
Taschen, wo wat intohahlen, Leesten, Foottüg to versahlen,
Kitt to'n Porzellan-Verkitten, Brillen de up Näsen sitten,
Honigkooken allbekannt, Luftballon un Kinnertand –
Och, da ick noch mehr herräke?! Alles finnst du düsse Wäke
Utstellt hier in Utverköpe. – Blos een Deel: de gollen Knöpe
För dien Börse nich vergeeten - - anners hebt dor Uhlen seeten!

Neben Vergnügen und Geschäft gab es einen weiteren Grund, den Markt zu besuchen, denn bis in die 50er Jahre des 20. Jahrhunderts, d. h. vor Erfindung und Verbreitung des Fernsehers wurde auf dem Brockumer Markt das starke Informationsbedürfnis der ländlichen Bevölkerung befriedigt, Neues und „Sehenswürdigkeiten" kennenzulernen. So wertete der „Marktbummler" des Diepholzer Kreisblattes die Qualität des jeweiligen Marktes grundsätzlich an der Zahl und „Klasse" der Sehenswürdigkeiten.

„Der Brockumer Markt lebte früher im wesentlichen von seinen Schaubuden", urteilt auch der Marktbeschicker und langjährige Schaustellersprecher Ludwig („Bubi") Braun im Rückblick. Wurms Arena mit kleinen Tieren, Heinens Tierschau, Höbels Theater, Alois Brauns Kino und Kleusers Boxbude waren in Brockum Stammkunden.

Ein „Phonograph" (Vorläufer des Grammophons) erregte 1902 große Aufmerksamkeit: *„Die große Tute schnarrte ... und um den Tempel standen ein halbes Dutzend junger Bengels, welche, die Hörrohre in den Ohren, ganz verzückte Gesichter machten".*

Oder ein Jahr später lockte das „Deutsche Museum der Gegenwart" mit interessanten Bildern: „Der Chinesische Krieg", „Die Ermordung Alexanders von Serbien" und „Der große Brand in dem Warenhaus zu Budapest". Wenn man durch bestimmte Gläser schaute, konnten diese Ereignisse als stehende Bilder betrachtet werden, gegen Geld versteht sich.

Die erste Filmvorführung wurde zur Sensation von 1911: Ein Kinematograph, wie das durch eine 25 PS-Dampfmaschine angetriebene Vorführgerät hieß, zeigte bewegte Bilder vom türkisch-italienischen Krieg.

1912 meint der Diepholzer Marktbummler einen Wandel auf dem Kram- und Vergnügungsmarkt festzustellen: *„Dröhnen, Tuten, Blasen, Klingeln, Quieken, Schreien, Ausrufen und Tamm-Tamm . ... Immer stattlicher wird die Besetzung des Marktes mit Schaubuden und Ähnlichem. Früher waren außer Schankzelten, Verkaufsständen ... höchstens ein oder zwei kleine Karussells und vielleicht noch die eine oder andere unbedeutende Schaustellung vorhanden. Heute sieht der Brockumer Markt ganz anders aus. ... Den Hauptanziehungspunkt bildete das Krebsche Kinematographentheater, das am Abend mit 6 bis 7 Bogenlampen den Platz weithin tageshell beleuchtete. ... Die Bilder wurden ganz gut herausgebracht: Szenen von der Titanik-Katastrophe, der Tripolis-Krieg, der Krieg in der Türkei, eine ulkige Radfahrerjagd usw."*

Im gleichen Jahr trat auch eine „Negertruppe" auf, die in einem Land, das in Afrika neuerdings Kolonien besaß und damit in den Kreis der damaligen Weltmächte vorgestoßen war, auf größtes Interesse stieß. *„Die Truppe bestand aus zwei mit phantastischem Gelump aufgeputzten Negern. ... Sehn Sie, diese seltsamen Leute sind gebürtig in Afrika",* verkündete der Ansager. *... Jetzt werden diese Leute Ihnen zeigen, wie sie in ihrer Heimat beten (ein Plärren war zu vernehmen!). Nun werden diese Leute ihr Frühstück einnehmen, es besteht aus Schwefel, Pech und Kolophon, das ist ihre Lieblingsspeise (eine brennende Masse wurde auf einer Schale gebracht und die Schwarzen ließen die Stücke in ihrem Munde verschwinden). Jetzt werden diese Leute ihren Urwaldtanz aufführen (Hinter der Bühne wur-*

de ein infernalischer Trommelspektakel laut und die beiden Kerle rasten auf dem Podium umher)".

1921 wurde die Blitzlichtfotografie zur Sensation. Angeboten wurden *„Konterfeis in Medaillonformat, als Brosche für die Frau Gemahlin".* Doch meist starrten die Abgelichteten nach der plötzlichen Stichflamme, die ein kleiner „Beutel" verursachte, so konsterniert in den „Fotokasten", dass die Abbildung nicht allzu viel Ähnlichkeit mit dem Original besaß.

Großen Zulauf fanden sowohl die Bänkelsänger, die ihre uralten, meist gruseligen Geschichten (Moritaten) in Liedform vortrugen, als auch die „billigen Jakobs", die mit marktschreierischen Stimmen und dummen Sprüchen für ihre Artikel warben. Spielhöllen lockten, in denen man beim Würfelspiel oder beim Roulette en miniature sein Geld los werden konnte.

„Gestandene Mannsbilder" suchten mit Vorliebe die Boxbude oder „Haut den Lukas" auf, um vor ihren Mädchen und Freunden mit den eigenen Körperkräften anzugeben. Dabei mussten sie im letzteren Fall nicht nur gegen die Tücken des Objektes ankämpfen, sondern auch gegen die Tricks des Besitzers, der nach Aussagen von Bubi Braun die „Stärke machen konnte", indem er die Schlagwirkung manchmal so einstellte, dass zierliche Frauen oder sympathische Hänflinge gegenüber widerwärtigen Muskelprotzen überraschend die Oberhand gewannen.

Zum Markt gehörten Liebesorakel oder auch die *„Handliniendeutung aus jedem seine Hand",* die den jungen Leuten nach zahlreichen Irrungen und Wirrungen schließlich viel Glück und eitel Freude voraussagten. Für die kleinen Marktbesucher gab es das Kasperletheater. Ferner sorgten Schaubuden für Unterhaltung, indem sie allerhand Kurzweiliges und Spektakuläres, auf jeden Fall noch nie Dagewesenes anpriesen: „Menschenfresser", Riesendamen, Seiltänzer, Entfesselungskünstler, „Grazien aus dem Meere" oder Liliputaner. Auch sah man gelegentlich einen Mini-Zoo, der für einen Groschen in diesem Jahr einen Affen und zwei Pelikane, im nächsten ein 350 Jahre altes Krokodil mit Jungen vorführte.

In der „Plastischen Ausstellung für Kunst und Wissenschaft" konnte man 1932 lebensgroße, dreidimensionale Darstellungen berühmter und berüchtigter Persönlichkeiten, sowie einige kriminalistische Szenen und lehrreiche Sammlungen aus allen Erdteilen bewundern.

Nicht schlecht staunten die Marktbesucher, als sich 1950 „Miß Mary" in einer Art Selbsthypnose - angeblich von einem indischen Fakir erlernt – an das Brockumer Stromnetz anschließen ließ und an allen Stellen ihres Körpers eine Glühbirne zum Leuchten brachte. Auch Zirkusse (ein- oder zweimastig) bewarben sich stets in Brockum um einen Platz; einmal erhielten sogar drei derartige Unternehmen die Zusage der Marktleitung.

Ab 1908 begann der „Nervenkitzel" moderner Fahrgeschäfte. Damals tauchte in Brockum die „Schwebende Karoline" auf, ein Karussell, das das Schwanken eines Bootes bei hohem Seegang vortäuschen konnte.

Schwebende Karoline   Foto: L. Braun

Vier Jahre später schrieb das Diepholzer Kreisblatt: „ *Auf einem elektrisch getriebenen und beleuchteten großen Karussell mit schräger Bodenfläche, einem ‚up un dahl' vergnügte sich die Jugend* ". Doch noch blieben diese Fahrgeschäfte die Ausnahme. Die gewöhnlichen Karussells wurden weiterhin von Pferden angetrieben oder von der Brockumer Schuljugend in Bewegung gesetzt bzw. mit dem Bremsbrett angehalten.

Als Sensation, die jeder erlebt haben wollte, wurde 1932 das Steile-Wand-Fahren begriffen, das vermutlich 1950 seinen Höhepunkt erlebte, als die *„einzige Frau Deutschlands"* mit verbundenen Augen den gefährlichen Kurs absolvierte.

Eine neue Phase des Vergnügungs- und Krammarktes begann mit der Verlegung des Marktgeländes in die Dorfmitte. Statt der langen Budenreihe an der Rahdener Straße gab es ab 1930 auf dem Sportplatz eine große einheitliche Zeltstadt. *„In langen Reihen stehen die Schaubuden an mehreren Wegen und deren Abzweigungen. ... Dazu nebendran der geräumige Platz für das Vieh, ein paar Schritte, und man ist hüben oder drüben, vom Vergnügen zum Geschäft, vom Geschäft zum Schankzelt, um den Kauf zu bekräftigen"* (Dieph. Kreisblatt). Als nachteilig erwies sich die neue Lage für die Gastwirtschaften Krone, Koch und Müller, die weit abseits vom Marktgeschehen ihre Tanzveranstaltungen nur noch für Stammgäste durchführen konnten. Krone wusste sich als erster zu helfen: Er baute direkt auf dem Marktplatz ein großes Restaurations- und Tanzzelt auf.

Am neuen Standort erfuhr der Kram- und Vergnügungsmarkt eine ständige Ausdehnung. Dennoch berichtete bereits 1938 der „Diepholzer Marktbummler", dass die Anfragen einer großen Anzahl von Schaustellern und Marktbeziehern keine Berücksichtigung finden konnten.
Natürlich fehlte es zunächst an der nötigen Infrastruktur des neuen Platzes: Es gab nur eine einzige gepflasterte Zufahrtsstraße.

Mit dem Umzug des Krammarktes ging auch die inoffizielle zeitliche Ausweitung des Marktes auf zwei Tage einher.

Markt in Krisenzeiten

Ebenso wie der Viehmarkt war auch der Krammarkt ein Spiegelbild der wirtschaftlichen Situation Deutschlands. Waren die Märkte in den Jahren 1914 bis 1918 wegen des Ersten Weltkriegs total ausgefallen, so blieben die nächsten von der politischen, wirtschaftlichen und sozialen Krise beeinträchtigt.
In Deutschlands Städten herrschte unmittelbar nach Kriegsende Hunger. Die Eisenbahnzüge waren mit Leuten überfüllt, die aufs Land fuhren, um zu hamstern. 1921 trieb die Sorge um die Beschaffung von Kartoffeln, in vielen Familien das wichtigste Nahrungsmittel für den Winter, so manchen hungrigen Städter auch in unsere Region. Im Marktbericht dieses Jahres wurde die Frage aufgeworfen, ob diese Verzweifelten ihre Drohung wahrmachen und gewaltsam gegen die hiesigen Bauern vorgehen würden, die bei der Stadtbevölkerung im Rufe standen, zur Befriedigung ihrer Geldgier die Städter darben zu lassen. In Bassum hatte nämlich kurz zuvor ein Händler die vorher festgesetzten Preise für Kartoffeln so stark erhöht, dass die hungrigen Käufer unverrichteter Dinge, aber unter entsprechenden Drohungen wieder abfahren mussten. In dieser Zeit standen sich Stadt und Land wie zwei feindliche Heerlager gegenüber. Doch der Markt von 1921 verlief erfreulicherweise in gewohnten Bahnen.

Von 1923, also dem Jahr, als die Reparationszahlungen an die Siegermächte die Waren verknappten und das deutsche Geld immer wertloser wurde (Inflation), berichtete der Redakteur des Diepholzer Kreisblattes: *„Man fühlte sich ins tiefe Mittelalter zurückversetzt, wo der Tauschhandel das allgemein übliche war. Wer nicht gerade über Goldnoten, Dollarschatzanweisungen und ähnliche Papiere verfügte, konnte nur gegen Roggen und andere Sachwerte kaufen. So wurde ein biederer Gaul für eine stattliche Reihe von Kognakbuddeln losgeschlagen. ... Wir begaben uns zu einem Zirkus. Eintritt 1 Milliarde. ... Das Fliegerkarussell, Erwachsene 500, Kinder 300 Millionen, war so besetzt, daß der Unternehmer einen großen Eimer aufgestellt hatte, in den er die Geldscheine warf".*

Dann wird der Berichterstatter Zeuge, wie sich zwei wenig vertrauenserweckende Gestalten *„dreist und unverfroren über das ‚Leichtermachen–wollen' eines Bauern unterhielten, der eine Billion Mark für ein verkauftes Rind bei sich trüge".*

Desgleichen stand der Markt von 1931 unter einem ungünstigen wirtschaftlichen Stern. Die Weltwirtschaftskrise, die auch Deutschland erfasst und ein riesiges Heer von Arbeitslosen verursacht hatte, spiegelte sich auf dem Brockumer Markt wieder: *„Es ist keine Zeit zum ungebundenen, ungetrübten Feiern mehr. Wie alle Bevölkerungsschichten hat die Landwirtschaft schwer um ihr Dasein zu ringen. Das Geld ist äußerst sparsam geworden, und kein Stück darf unnötigerweise den Beutel verlassen, wenn sich überhaupt noch etwas darin befindet".* (Dieph. Kreisblatt). Das hatte natürlich auch auf die Geschäftsabschlüsse auf dem Viehmarkt Auswirkungen: *„Konnten manche Landwirte, die wenigstens ihre Pferde absetzten, mit einer gewissen Zufriedenheit auf den Verlauf des Marktes zurückblicken, wenn ihnen auch bei weitem keine ausreichenden Preise geboten wurden, wenn sie Beträge hinnehmen mußten, die noch unter dem blieben, was man früher als Mindestgebot bei Einleitung eines Handels hohnlachend zurückgewiesen hätte, die aber immerhin froh waren, daß ihnen überhaupt Bargeld ins Haus floß, so mußte doch die Mehrzahl der Viehmarktbesucher die Tiere wieder mit nach Hause nehmen".*
Alle Artikel waren billiger geworden, Süßigkeiten, Backwerk und Würstchen inbegriffen. Und damit die Marktbeschicker überhaupt noch Geschäfte machten, gab es Zugaben. Wer beispielsweise ein Würstchen bestellte, erhielt eine Tasse Fleischbrühe gratis dazu.
Zwar wurden die üblichen kleinen Einkäufe getätigt und die Mitbringsel für die Daheimgebliebenen und die Kinder besorgt, aber insgesamt war wesentlich weniger in den Tüten als sonst.

Und wieder zogen die Deutschen und ihre Pferde nicht auf den Markt, sondern in einen

Krieg. Hielt von 1939 bis 1943 ein unbedeutender Krammarkt die Markttradition zwar noch aufrecht, so fielen die folgenden Märkte den Kriegs- und Nachkriegswirren total zum Opfer.

Markt nach dem 2. Weltkrieg

Vom ersten Nachkriegsmarkt 1947 lässt Schulleiter Leski eine Schülerin berichten: *„Es war ein wirkliches Volksfest, an dem sich nicht nur die einheimische Bevölkerung, sondern die ganze Umgegend beteiligte. Karussells, Schau- und Losbuden, Kasperletheater und Zirkus sorgten für Unterhaltung. Zu kaufen gab es allerdings kaum etwas. Und das wenige, was feilgeboten wurde, war Kitsch und dazu noch sehr teuer. Von dem einst berühmten Brockumer Pferdemarkt war in diesem Jahr nichts vorhanden"*. Alte Brockumer wissen, dass es auch keine alkoholischen Getränke gab, es sei denn, jemand hatte Schwarzgebranntes in der Jackentasche mitgebracht. Dennoch blieb dieser Markt in bleibender Erinnerung, weil er zum Wiedersehensort der ganz besonderen Art wurde: Er führte die Überlebenden eines schrecklichen Krieges zusammen, die mehr oder weniger an Leib und Seele gezeichnet, ihre fürchterlichen Erlebnisse austauschten.

Nach der Währungsreform und der Einführung der DM übte der Brockumer Pferdemarkt wieder auf das ganze Bundesgebiet seine Anziehungskraft aus. Über 2000 Pferde wurden 1948 aufgetrieben. *„Aus dem Westfälischen, aus Oldenburg, Schleswig-Holstein, Nordrhein-Westfalen, ja sogar den süddeutschen Ländern waren Händler und Interessenten vertreten. ... Verhungern und verdursten brauchte niemand, vorausgesetzt, er verfügte über die notwendigen D-Märker"*, berichtete 1949 der Redakteur des Diepholzer Kreisblattes.

Es dauerte nicht lange, da bot der Brockumer Markt wieder die bewährte Mischung von Tradition und Innovation. Schon 1954 wurde vom „Vergnügungsviertel" und vom „Trubeldorf" gesprochen, in dem für wenig Geld fast alles möglich wird. Obwohl der Fernseher inzwischen Einzug in die Wohnstuben der Dorfbewohner gehalten hatte, blieb der Markt sowohl auf der Landmaschinen- und Gewerbeausstellung als auch auf dem Kram- und Vergnügungsmarkt die „Schaubude", in der die Attraktionen den staunenden Marktbesuchern

vorgestellt und so mancher Nervenkitzel geboten wurde.

Foto: M. Schütz

Als Beispiel sei das 23 Meter hohe Fahrgeschäft Enterprise genannt, das 1978 den Brockumer Markt bezog und von dem der Berichterstatter der Zeitung schrieb: *„.... jenes Ungetüm, dass sich nach dem Start in rasender Geschwindigkeit von einem recht normalen Fahrgeschäft in eine Art Riesenrad verwandelt, in dem das verehrte Publikum fast buchstäblich Kopf steht. ... Doch alles scheint gefährlicher auszusehen als es ist, wenn auch etliche, die die Fahrt wagten, die Gondeln sichtbar blasser verlassen als sie sie bestiegen haben"*. Doch trotz dieser chromblitzenden Neuheit blieben Fortschritt und Tradition auf dem Brockumer Markt eine Einheit.

So berichtet das Diepholzer Kreisblatt 1991 über die Schaustellerfamilie Brockschmidt: Das Kinderkarussell von 1886 *„mit seinen* handbemalten Pferden und den schaukelnden Schiffen oder den sich nach Wunsch und Armkraft der Benutzer drehenden Kaffeemühlen ist original restauriert.

Foto: L. Braun

Neben dem Karussell, das noch jeweils angeschoben werden muss, ehe es seine Runden dreht, steht die über 100 Jahre alte Jahrmarktorgel mit dem wunderschönen Klang, auf den der Besitzer zu recht besonders stolz ist und die etwas von einer Markt-Atmosphäre aus längst vergangenen Zeiten vermittelt.

Foto: E. Lampe

Vergeblich werden die Benutzer des Karussells hier auch ein Kassenhäuschen suchen - kassiert wird vom Chef persönlich während der gemütlichen Fahrt."

Zu Marktzeiten schmückt sich Brockum seit vielen Jahren übrigens mit einem Wahrzeichen ganz besonderer Art: Dann ragt nicht nur der schlanke Kirchturm in den Himmel, sondern auch das wuchtige Riesenrad, seit 1997 ein neues Fahrgeschäft, das eine Höhe von 50 Metern erreicht.

Foto: Samtgemeinde-Verwaltung

Auch die alte Tradition der „Sehenswürdigkeiten" wurde fortgesetzt: So bezog 1984 eine Schaubude den Markt, die unter anderem eine Jungfrau in einen Schimpansen verwandelte. 1986 tummelten sich hinter sechs Zentimeter dickem Panzerglas Haifische in einem transportablen Meereswasseraquarium. 1996 pries „Das Omen" seine aufwendige Abenteuer- und Simulationsanlage mit außergewöhnlichen Effekten an, die in einem 21 Meter langen und drei Stockwerk hohen Bauwerk „eine Kombination aus Faszination, Sehen und Staunen" anbot.

Obwohl der Brockumer Markt nie mit dem teilweise zeitgleich stattfindenden Bremer Freimarkt konkurrieren wollte – dafür sind das Publikum und auch das in Bremen und Brockum Gebotene einfach zu verschieden – haben sich die Brockumer Verantwortlichen stets um attraktive Fahrgeschäfte bemüht. Während in Bremen Ungetüme von Karussells, für die ihre Besitzer eine halbe Million Euro und mehr bezahlen müssen, Magnete für die anspruchsvolleren Besuchermassen darstellen, muss es in Brockum meist beschaulicher zugehen. Oft genug melden zwar Marktbezieher größere Fahrgeschäfte in Brockum an, leisten auch eine recht beträchtliche Anzahlung auf das Standgeld, ziehen dann aber in letzter Minute unter Nennung fragwürdiger Gründe ihre Zusage zurück. Wenn ihr reservierter Platz nicht mit irgendwelchen Buden gefüllt werden soll, muss die Marktleitung – was oft so kurzfristig nur in Zusammenarbeit mit langjährigen Beschickern möglich ist - für halbwegs passablen Ersatz sorgen (s. auch Kap. „Marktausschuss und Marktbeschicker").[21]

Der Brockumer Kram- und Vergnügungsmarkt hat sich in den letzten Jahrzehnten stark verändert. Manches ist bunter, reißerischer und vor allem lauter geworden. So haben die liebenswerten Drehorgeln der „Beschallung" durch Lautsprecher und Mikrofone Platz machen müssen. Die Petroleumlampen sind gleißendem Neonlicht und grellen, zuckenden Scheinwerfern gewichen.
Selbst das kulinarische Angebot hat sich gewandelt. Wer die althergebrachte Brat- und Currywurst (früher „Heiß-Heiß") oder die Erbsen- und Kartoffelsuppe verschmäht, kann sich an Giros, Schweinshaxe, Steaks, Hot Dogs oder Fisch im Bierteig laben.

Während in der Nachkriegszeit andere Orte in der Umgebung ihre Märkte schlossen (Lemförde etwa 1958, St. Hülfe ca. 1960),[22] schaffte der veränderte Brockumer Markt den Sprung in die neue Zeit.

Foto: M. Schütz

---

[21] Schon 1977 erklärte der damalige Bürgermeister Lohmeyer in einem Interview mit dem NDR diesen misslichen Tatbestand zur Hauptsorge der Brockumer „Marktmacher".

[22] Schöne, A.: Heimatblätter des Landkreises Diepholz, Heft X, Ausgabe 1985, S.56

Das Marktwetter

Trotz der bewährten Kombination von Tradition und Innovation, trotz geschickter Veränderungen und oft gelungener Programmgestaltung war für die Höhe der Besucherzahlen und damit für den Verlauf des gesamten Marktes und seiner Geschäftsabschlüsse letzten Endes immer das Wetter ausschlaggebend, das Ende Oktober / Anfang November, also an der Schwelle zwischen Herbst und Winter steht und schon für manche Turbulenzen gesorgt hat.

Früh einsetzende Kälte und starker Schneefall hatten den Markt von 1891 und 1919 beeinträchtigt. Tiefer Winter herrschte zum Markttag 1919. H. Leski berichtet: *„Unter der Last des Schnees war das bei Müller von Brinkmeyer (Lemförde) aufgebaute Zelt zusammengebrochen; es wurde aber niemand verletzt. Es war kalt, der Kohl war erfroren, und die Straßen lagen voll Schnee".*

Starker Sturm tobte 1910 über den Markt. So berichtete das Diepholzer Kreisblatt: *„An den tagszuvor aufgebauten Buden hatte der Sturm arg gerüttelt. Nachts 3 Uhr fing's an, und am Morgen zwischen 6 und 7 Uhr lagen 6 bis 8 Zeltbuden in Trümmern. Am ärgsten ist einem Behrens aus Herford mitgespielt worden, sein Panorama ist gänzlich in Trümmer gegangen; ...auch das große Kinozelt wäre ebenfalls ‚kopfheister' gegangen, wenn nicht 17 Leute mit Hilfe von Stangen sich stundenlang abgemüht hätten, es zu stützen".*

Obwohl Schaubuden, Fahrgeschäfte und Stände heute stabiler und besser gegründet sind als vor rund 90 Jahren, sahen sich am Sonntagnachmittag die Verantwortlichen des Marktes von 2002 aus Sicherheitsgründen erstmalig in der langen Marktgeschichte gezwungen, die Großveranstaltung für den Rest des Tages zu schließen: Im Bereich der Landmaschinenausstellung hatte ein orkanartiger Sturm einen Silo umgestürzt und zwei Frauen so erheblich verletzt, dass sie ins Krankenhaus eingeliefert werden mussten. Als das Marktgelände, auf dem sich trotz des Orkans gerade Zehntausende tummelten, unverzüglich geräumt werden musste, erwies sich die gute Zusammenarbeit von Marktleitung, Feuerwehr, Polizei, DRK-Bereitschaft und Marktbeschickern als ebenso verlässlich, wie die verständnisvolle und disziplinierte Haltung von Schaustellern und Besuchern.

Weitaus häufiger als Schnee und Sturm haben starke Regenfälle den Brockumer Markt beeinträchtigt, in dem sie ihn in eine „Schlammlandschaft" verwandelten. Nässe von oben und „Mudden" von unten gehörten früher zum Brockumer Markt wie das Salz zur Suppe. Dann kam es schon mal vor, dass die jungen Mädchen auf Socken nach Hause gehen mussten. *„Der Schlamm lief uns über die Knöchel",* hieß es 1960 beim Berichterstatter des Diepholzer Kreisblattes, als sich nämlich die Wege in der Budenstadt, die schon vorher durch die schweren Marktwagen aufgewühlt worden waren, unter den Füßen vieler Zehntausender bald in einen grundlosen Morast verwandelten, den zu durchwaten nicht ganz einfach war.
„Einmal," schreibt Horst Leski, *„war der Schlamm so tief, dass ein Wohnwagen selbst von sechs Pferden nicht bewegt werden konnte. Da mögen die Brockumer Kinder interessiert zugeschaut haben, als schließlich zwei Elefanten vom Zirkus Gehner mit einem Ruck den Wagen zum Rollen brachten".*

Aber eigentlich gibt es beim Brockumer Markt kein schlechtes Wetter, sondern höchstens falsche Bekleidung und unangebrachtes Schuhwerk. So waren früher Stiefel und grüner Lodenmantel die passende Ausrüstung für alle Fälle. Auch der Handstock, der im Marktmatsch den nötigen Halt gab, war typisches Kennzeichen.

Besonders schlimm müssen Wolkenbrüche dem Markt von 1956 zugesetzt haben, denn selbst die ältesten Brockumer konnten sich nicht erinnern, jemals derartige Regenmassen an ihren Markttagen erlebt zu haben. *„Die Besucher sah man hüpfen und springen. Immer wieder musste eine morastige Ecke umgangen oder eine große Pfütze übersprungen werden"* (Dieph. Kreisblatt). Der Marktausschuss befolgte den Rat seines findigen Bürgermeisters, Gustav Wendt, und schüttete mehr als 100 Zentner Stroh auf die Hauptwege, so dass man wenigstens dort Grund unter den Füßen verspürte. Natürlich litt in diesem Jahr der Marktbesuch unter den Witterungsunbilden, und die Gemeindeväter beschlossen, das Standgeld wegen höherer Gewalt zu ermäßigen.

Auch 1972 jagten an allen vier Tagen Stürme so heftige Regenschauer über den Marktplatz, dass besonders die unbefestigten Wege auf der Landmaschinenausstellung im Morast versanken. Die verschlammten Gänge zwischen den Ständen mussten wieder mit Stroh und Sägemehl wenigstens einigermaßen begehbar gemacht werden. 1974 und 1981 wiederholten sich derartige Sondereinsätze der Gemeindevertreter. 1998 konnten zwar die Wassermassen in den Marktgassen durch endlose Fuhren von Schotter einigermaßen gebändigt werden, doch verschiedene Parkplätze blieben grundlos und mussten geschlossen werden.

Aus der Misere konnte dauerhaft nur die allmähliche Befestigung der Marktstraßen und – gassen führen, was ab 1953 in Angriff genommen wurde.

Auch undurchdringlichen Nebel hat es schon am Brockumer Viehmarktstage gegeben. Vor dem ersten Weltkrieg sollen die Nebelschwaden einmal so dicht gewesen sein, dass das Vieh, das von Berglage zum Markt getrieben werden sollte, das Ziel nicht erreichte.

Mit der Ausdehnung des Brockumer Marktes auf vier Tage sank die Witterungsanfälligkeit des herbstlichen Volksfestes erheblich. Wenn auch mal ein Tag so stark verregnete, dass der Besucherstrom sich spürbar abschwächte, so wuchs die Zahl der Marktgäste an den schöneren Tagen um so stärker.

1977 sprach man vom „Jahrhundertwetter", das insgesamt 150 000 Menschen nach Brockum lockte. Als sich 1994 bei gutem Wetter gar eine Viertel Million Besucher durch die Marktstraßen (die Marktleitung schätzte damals 259 000) schoben, soll ein Wagenfelder staunend gemeint haben: *„Dat sind woll ne ganze Million Minsken".*

Das herrlichste Wetter muss 1937 den Brockumern beschert worden sein, als nämlich die Sonne vom strahlend blauen Himmel schien und Temperaturen bis zu 25° im Schatten gemessen wurden. Damals hätten sich die männlichen Marktbesucher ganz besonders nach *„kühlen Blonden und kleinen Blondinen umgesehen"* (Marktbericht des Diepholzer Kreisblattes.

Ausbau der Infrastruktur des Marktgeländes

Für den Erhalt des Marktes und für seinen Ausbau ist eine gute Infrastruktur unverzichtbar. Neben der Asphaltierung von sechs Zufahrtsstraßen (1969), des Pflasterns der Zuwegung zum Viehmarkt (1992), sowie der Befestigung der Wege auf dem Marktgelände (1971, 1973, 1982, 1997 und 1998) musste vor allen Dingen die Stromversorgung ausgebaut werden. Nachdem zunächst Harry Osburg, später die NIKE Trafo-Anlagen während der Markttage ausgeliehen hatten, schaffte die Gemeinde zwischen 1972 und 1996 nicht nur Trafos und Stromkästen an, sondern erneuerte auch die Verkabelung, denn der Stromverbrauch der Beschicker stieg rasant (von 30 000 kW im Jahr 1979 auf 40 000 Kilowattstunden 1981; fünf Jahre später waren es bereits 50 000 kWh, 1990 gar 60 000 Kilowattstunden).

Als Bürgermeister Schnittker im Dezember 1986 in einer Sitzung des Gemeinderates das Resumè des zurückliegenden Marktes zog, nannte er interessante Zahlen: 15 Elektriker waren eine Woche lang beim Aufbau des Marktes beschäftigt (1990 wurden sogar 20 benötigt). Sie legten insgesamt 350 Anschlüsse und bauten 58 Anschlusskästen mit zusammen 15 Stromkreisen auf.

Auf Betreiben des Gesundheitsamtes in Diepholz ließ die Gemeinde 1971 einen neuen Brunnen auf dem Marktgelände bohren. Zehn Jahre später konnte der Anschluss an das Netz der zentralen Wasserversorgung abgeschlossen werden. Der Zugang zur Gasversorgung und Schmutzwasserkanalisation erfolgte 1989.

Außerdem ließ die Gemeinde die Landmaschinenschau und die Gewerbeausstellung mit einem Zaun versehen (1969), die Umkleide- und Toilettenanlage auf dem Marktplatz bauen (1974) und den Brandschutz durch Installierung eines Hydranten verstärken (1989).

Eine weitere größere Investition war das „Rathaus" auf dem Marktgelände, das 1992 das Provisorium des geliehenen Wohnwagens ablöste und dem Marktausschuss mehr Sicherheit beim Zahlungsverkehr und geeignetere Arbeitsmöglichkeiten während der „heißen Phase" bot.

Die Erneuerung des Umkleide- und Toilettenhäuschens sowie der Einbau einer Behindertentoilette erfolgten 2003.

Damit für die „Dienstleister" des Marktes, die Gemeindevertreter, die Polizei, das DRK und die Feuerwehr ständig Kontakt zur Außenwelt und untereinander besteht, wurden in den 90er Jahren Handys, Telefonhäuschen und eine Lautsprecheranlage angeschafft.

Auch die Müllentsorgung ließ die Gemeinde ab 1998 modernisieren: An zentralen Plätzen des Marktgeländes wurden jeweils vier große Container aufgestellt, die eine Trennung des Mülls ermöglichten, denn der Gemeinderat hatte feststellten müssen, dass die Müllberge des Marktes zu mehr als 50% aus Papier, Pappe und Kartonage bestehen. Mit dem Beschluss, Glühweintassen anzuschaffen, leistete der Marktausschuss gar einen praktischen Beitrag zum Umweltschutz (1992). Dennoch stiegen die Kosten für die Müllentsorgung von 4.491 DM im Jahr 1990 auf 11.860 DM in 2000.

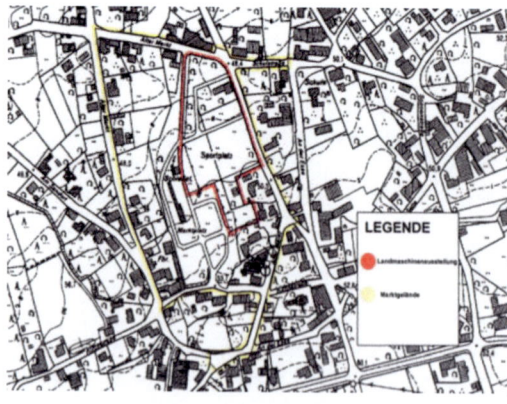

Mehrfach wurde das Marktgelände vergrößert: Erstreckte sich der Platz 1960 über 30 000 m², so gewann die Gemeinde durch das Abbaggern des Sandhügels bei Schwenker (1973) weitere 20 000 m² für den Markt hinzu („Die Brocku-

mer versetzen ganze Berge, um ihren Markt zu vergrößern", hieß es damals). Als das zum Dorfplatz umgestaltete ehemalige Gelände der Babalu-Bar (1995) sowie zwei weitere Dorfstraßen für den Marktbetrieb freigegeben wurden, umfasste die Gesamtfläche des „Marktplatzes" 60 000 m².

Diese Entwicklung hatte für die Beschickung des Brockumer Marktes Konsequenzen: Fanden 1971 nur insgesamt 300 Aus- und Schausteller einen Platz, so waren es 1993 schon 350 und 2003 gar 490 (dennoch mussten noch 364 Absagen erteilt werden!).

Für besondere Aufgaben, die in erster Linie der Verbesserung der Infrastruktur des Marktes dienten, hat die Gemeinde Brockum nach dem Zweiten Weltkrieg ungeheure Summen ausgegeben. Doch auch die laufenden Ausgaben für den einzelnen Markt sind beträchtlich.

Marktausgaben in DM

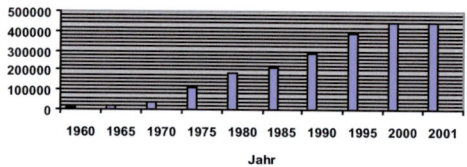

vergrößerte Grafik im Anhang

So betrugen allein die Kosten für die Nutzung des Gewerbezeltes im vorletzten Jahr 14.614,98 €. Auch die steigenden Personalkosten und Spesen für den Wach- und Sicherheitsdienst, für die Ordner, die Kassierer, den Marktausschuss und für die Markthelfer der Gemeinde müssen alljährlich erwirtschaftet werden.

Manchmal haben die Markteinnahmen eines Jahres die Ausgaben nicht decken können. Schon 1956 musste die Gemeinde Holz verkaufen, um den Haushalt auszugleichen. Oder von 1989 wird berichtet, dass für die Marktausgaben ein Kredit von 138 000 DM aufgenommen werden musste.

Die Bemühungen der Gemeinde, die Infrastruktur ihres Marktes ständig zu verbessern, wurden im Jahr 2000 von der Schausteller-Fachzeitung „Comet" belohnt, die den Brockumer Vergnügungsmarkt mit einer Vier-Sterne- Wertung auszeichnete.

Öffentlichkeitsarbeit

Zu einem fortschrittlichen Markt gehört eine moderne Öffentlichkeitsarbeit. Die Gemeinde hat erkannt, dass es nicht genügt, die drei Teile des Marktes, Landmaschinen- und Gewerbeschau, Kram- und Vergnügungsmarkt sowie den eintägigen Viehmarkt progressiv zu gestalten und eine entsprechende Infrastruktur vorzuhalten, sondern dass neue Besucher auf Dauer nur durch eine gut aufgemachte Werbung und ein attraktives Programm gewonnen beziehungsweise als Stammkunden gehalten werden können.

Schon 1953 ließen Schulkinder Luftballons vom Marktgelände aufsteigen und wetteiferten um die weitesten Flugstrecken. Eine Wasserorgel, offensichtlich vom Marktausschuss bestellt, wurde 1956 zur Attraktion. Mit einer Gebrauchtwagenschau wollte man 1957 auch Nicht-Landwirte auf das Freigelände locken.

1969 trat eine originale Bayernkapelle im entsprechend blau-weiß dekorierten Festzelt auf. Ein Jahr später zog am ruhigen Marktmontag eine Modenschau die Damenwelt in ihren Bann und fand bis heute ihre alljährliche Wiederholung. Auch die Wahl der Marktkönigin war in den Jahren 1968 bis 1984 bei der Jugend recht beliebt.

1968 krönt Bürgermeister Gustav Wendt Ingrid Wiese zur Marktkönigin

Erwähnenswert ist natürlich auch die übrige Programmgestaltung des jeweiligen Festwirtes, die dieser entsprechend seines Pachtvertrags zu veranlassen und zu tragen hat. Damit das Bayernzelt zum zentralen Anlaufpunkt auf dem Markt werden kann, sorgen bekannte Bands und Kapellen für Stimmung. Die jeweilige Auswahl kommt durch Vermittlung der Agentur Marlis Köchy zustande, wobei sich die Marktleitung Mitsprache vorbehält.

Zu einem neuen Höhepunkt für die Jugend ist der seit 1996 im Zelt stattfindende musikalische Wettbewerb geworden, der am Samstagabend „heimische Nachwuchskünstler" nach diversen Ausscheidungsrunden in Brockum zur Endausscheidung zusammenführt. Dann wird profihaft um Sieg und Bekanntheit gerungen.

Mehrfach hat auch die Gemeinde Initiativen ergriffen, um dem Markt weitere Besucher zuzuführen: 1971 erwarb jeder Besucher mit dem Eintritt in die Gewerbeschau die Berechtigung, an der kostenlosen Verlosung eines Ponys teilzunehmen. Der Marktausschuss und die Verwaltung scheuten keine bürokratischen Hindernisse, um in den Jahren 1974 bis 1979 und 1984 bis 1986 den Marktbesuchern Hubschrauberrundflüge über Brockum zu ermöglichen.[23] Wer 1975 eine Karte für den Eintritt in die Gewerbeschau kaufte, nahm an einer Verlosung teil, deren Hauptgewinn ein von der Gemeinde gestifteter Fernsehapparat war. Fast jeder Marktbeschicker beteiligte sich an dieser Aktion, so dass Preise im Gesamtwert von 6.500,- DM lockten. Dabei werden die Verantwortlichen wohl geschmunzelt haben, als „Eine Woche Vollpension im Gasthaus Corshenrich" an eine Dame aus Rüschendorf und „Eine Woche Vollpension im Gasthaus Koch" an eine junge Brockumerin fiel, die nzu dem entsprechenden Zeitpunkt im benachbarten Oppenwehe verheiratet war. Zwei Jahre später konnte bei Einzahlung einer DM das Gewicht eines stattlichen Bullen, der am Stichtag 562,6 kg auf die Waage gebracht hatte, geschätzt werden. Der Gewinner, ein Landwirt aus Oppenwehe, besaß das fachmän-

---

[23] Der Spiegel" meinte sich über die einheimische Zeitung lustig machen zu müssen, indem er zitierte: „Rundflüge mit dem Hubschrauber, Start- und Landeplatz neben dem <u>Friedhof</u>".

nische Auge und „vertat" sich nur um 100 Gramm, während die Laienschätzungen von 1.300 g bis 19.312 kg ebenso weit von einander abwichen wie vom richtigen Ergebnis.

Waren mit der Modenschau und der Wahl der Marktkönigin sowie mit dem kostenlosen Eintritt in die Landmaschinen- und Gewerbeausstellung attraktive Programmpunkte für den publikumsflauen Marktmontag gefunden worden, so fehlte noch etwas Gleichwertiges für den Sonntagvormittag: Ein Zeltgottesdienst, oftmals in Plattdeutsch, der im Bayernzelt die kirchlichen Gemeinden von Brockum, Burlage und Lemförde mit den Schaustellern vereinte (ab 1978) und ein musikalischer Frühschoppen im Anschluss daran (ab 1979), fanden damals wie heute großen Zuspruch.

Über zwei Jahre, nämlich 1985 und 1986, wurde ein Malwettbewerb für die Schulkinder der Samtgemeinde „Altes Amt Lemförde" initiiert, wobei die Kunstwerke in der Gewerbeschau präsentiert und die jungen Künstler ausgezeichnet wurden.

Am Viehmarktdienstag 2003 wurde die Versteigerung des Rinds „Lufi", das von der Zeitung „Land und Forst" gestiftet und dessen Erlös an das „Hospiz Lemförde" ging, zu einem der Höhepunkte des letztjährigen Marktes.

Mit dem Programm der Markteröffnung hat die Gemeinde manches ausprobiert. Zu den launigen Ansprachen der Bürgermeister - ganz in der langen Tradition des Marktes wählte Hermann Schnittker dafür Plattdeutsch - und dem Fassanstich mit anschließendem Freibier (seit 1972) boten verschiedene Blaskapellen einen geeigneteren Rahmen, als die Brockumer Sängerinnen und Sänger, die 1976 sogar mit 150 Stimmen auftraten, sich aber wegen der fehlenden Technik und des lauten Markttrubels akustisch nicht durchsetzen konnten. Vereinzelt versuchte die Gemeinde die Markteröffnung durch Hinzuziehung von Künstlern wie Jan-Willem (1979) oder einem Bauchredner und Stimmenimitator (1980) attraktiver zu gestalten. Aber was kommt noch an, wenn die Gäste im Bayernzelt darauf „brennen", ihren Marktrundgang zu beginnen? Ein Marktsilvester am Vorabend?

Auf dem Brockumer Markt dürfen natürlich Funk und Fernsehen nicht fehlen. Der NDR brachte erstmals 1970 einen kurzen Bericht vom Viehmarkt und wiederholte das fünf Jahre später. 1977 sendete der Rundfunk ein interessantes Interview mit Bürgermeister Lohmeyer.

Der NDR „Radio Niedersachsen" berichtete 1987 in seiner zweistündigen Hörfunksendung „Blick ins Land" live aus dem Bayernzelt. Handfeste Informationen und viel Humor zeichneten die ausführliche Sendung über den Brockumer Markt und die Samtgemeinde „Altes Amt Lemförde" aus. Moderator Dr. Christian Wolff interviewte eine Reihe von Gesprächspartnern über Land und Leute, Tradition und Fortschritt in Brockum sowie in der Samtgemeinde. Wolff meldete sich 16 Jahre später wieder aus Brockum. Diesmal aus dem „Rathaus", von wo er die neusten Informationen an seine Hörer in Plattdeutsch weitergab.

Auch Kamerateams des NDR (mehrfach), des ZDF und von SAT1 erschienen auf dem Großmarkt. Sie alle suchten den Zauber dieser Veranstaltung zu finden, den Ausnahmezustand in dem ansonsten eher stillen Ort zu erklären, ganz einfach das Besondere des Brockumer Marktes zu ergründen.

Bessere Werbung als über die Medien lässt sich kaum denken. Doch ist auch die Gemeinde um eine weitere Steigerung des Bekanntheitsgrades ihres Marktes bemüht. Waren in den ersten Nachkriegsjahren Plakate, die Schilder an den Ortseingängen und die Zeitungsanzeigen im Diepholzer Kreisblatt und im Westfalen Blatt die hauptsächlichen Werbeträger, so haben die Verantwortlichen seit 1969 erkannt, dass Werbung augenfälliger gestaltet werden muss. Als damals die Feier zum 1000jährigen Brockum mit der Markteröffnung zusammengelegt wurde, veranlasste die Gemeinde die Barre-Bräu in Lübbecke zur Herausgabe eines entsprechenden Bierdeckels:

Foto: Dieph. Kreisblatt

Drei Pferdeköpfe, ein Fachwerk-Bauernhaus und der Kirchturm übernahmen in der Umgebung Brockums die Werbung für das große Volksfest. Das kam so gut an, dass ab 1975 der

Autoaufkleber und „marktschreierischere" Plakate folgten.

„Die Gemeinde hat in den vergangenen Jahren ihre Werbung intensiviert und ist neue Wege gegangen, die, nimmt man die Entwicklung der Besucherzahlen als Maßstab, durchaus zum Erfolg geführt haben," liest man im Bestandsbericht der Amtsverwaltung von 1987. Weiter heißt es dort: „Werbung wird derzeit in Form von Plakaten, Autoaufklebern, Briefaufklebern

und Zeitungsanzeigen durchgeführt. ... Die Anzeigenwerbung ist wesentlicher Bestandteil des Werbekonzepts, aber auch erheblicher Kostenfaktor. Für die Anzeigenwerbung (ohne Entwurfskosten) wurden im Jahre 1987 insge-

samt 23.209,99 DM ausgegeben. ... Die Anzeigen werden als Vorinformation etwa eine Woche vor Marktbeginn und als Hauptinsertion etwa einen Tag vor Marktbeginn geschaltet. Die Werbung ist in etwa auf den Einzugsbereich des Marktes ausgedehnt. ... Werbung durch Information soll darüber hinaus durch eine umfangreiche Berichterstattung in den redaktionellen Teilen der Presse erfolgen. Die Samtgemeindeverwaltung gibt dazu Presseinformationen an die Tageszeitungen, in denen auch Anzeigen aufgenommen werden. Bei der Vorabinformation sind insbesondere das Diepholzer Kreisblatt, das Diepholzer Wochenblatt, die Rahdener Zeitung und die Neue Westfälische die Zeitungen, die im Rahmen von Beilagen diese Informationen weitergeben".

1999 erhielt der Brockumer Designer Manfred Lohse den Auftrag, sein lachendes, augenzwinkerndes Pferd mit dem Schriftzug „Brockumer Großmarkt – Dor moßt du hen" in den Mittelpunkt neuer Werbemittel zu stellen.

Gleichzeitig arbeiteten Werbeagenturen aus Hamburg und Lübbecke daran, den Brockumer Markt noch besser darzustellen und zu „vermarkten". Ganz selbstverständlich bedienen sich heute Marktausschuss und Amtsverwaltung auch der modernsten Mittel der Werbung: Neben Plakaten, Zeitungen und Aufklebern für Briefe und Autos werden auch Radio, Faltblätter (Flyer) sowie das Internet eingesetzt (www.brockumer-grossmarkt.de), um Informationen über Zeiten und Programme, über die Fahrpläne der Pendelbusse und die Lage der Parkplätze an ein möglichst breites Publikum weiterzugeben. Natürlich stiegen die Gesamtkosten der Öffentlichkeitsarbeit: im Jahr 2002 auf immerhin 43.678 €.

Marktgebühren

Die Vergrößerung des Marktgeländes, der Ausbau der Infrastruktur, die Programmgestaltung, die Öffentlichkeitsarbeit, die Personalaufwendungen, die Mieten und Pachten, die Verwaltungsaufgaben usw. verursachen alljährlich ungeheure Kosten. So beschloss die Gemeinde 1954, von den Besuchern der Landmaschinenschau 50 Pfennig Eintritt zu kassieren, der im Jahr 2002 für die gesamte Ausstellung auf 2,50 € erhöht wurde. Dank dieser Einnahmen konnten die Standgelder der Marktbeschicker preiswerter als auf vergleichbaren anderen Märkten gehalten werden.

Während die Marktbeschicker im Jahre 1966 nur 0,70 DM für den Quadratmeter entrichten mussten, hatten sie 1987 1,50 DM/m² zu zahlen. Dann legte die Gebührensatzung der Benutzerordnung von 1989 die Standgelder grundsätzlich flächenmäßig fest (z. B. Fahrgeschäfte alle 4 Tage 3,-- bis 4,-- DM pro m², Schaugeschäfte bis 8,- DM pro m²; Stände auf der Landmaschinenausstellung bis 25 m² kosten 3,50 DM pro m², bis 100 m² 2,90 DM pro m² und bis 300m² 1,90 DM pro m²; im Gewerbezelt sind je nach Lage 22,-- bis 40,-- DM) zu entrichten.

Ab 2002 wird unterschiedlich vorgegangen: Bei Fahrgeschäften wie Riesenrad oder Auto-Skooter soll weiterhin nach der flächenmäßigen Größe berechnet werden, wobei die Gebühren auf 3,-- bis 5,-- € anstiegen. Die Höhe des Standgeldes für Buden und Verkaufsstände soll nach der Frontlänge des Geschäftes und der Lage des Platzes ermittelt werden und zwischen 16,-- und 32,-- € pro Meter betragen. Im Gewerbezelt geht es weiterhin nach der bedeckten Bodenfläche; hier kostet der m² je nach Lage zwischen 12,-- und 30,--€ pro m². Auf dem Freigelände wird die Höhe des Standgeldes nach der flächenmäßigen Größe berechnet, wobei jetzt 1,30 bis 2,-- € pro m² festgelegt sind.

Marktausschuss und Marktbeschicker

Ein derartiges Mammutfest, das sich vier Tage lang auf einer Fläche von insgesamt 60 000 m² abspielt, ein Volksfest, das von rund 500 Beschickern und mehr als 200 000 Gästen aufgesucht wird, will gründlich vorbereitet werden. Bei den meisten großen Märkten erledigen Profis einer Messe-GmbH oder einer Stadtverwaltung dieses verantwortungsvolle Geschäft. In Brockum geschieht das traditionsgemäß durch die elf Gemeinderatsmitglieder, die nach ihrer Wahl automatisch im Marktausschuss fungieren. Ehrenamtlich - nur mit einem Taschengeld ausgestattet - leisten sie ihren Dienst und sind im Laufe der Jahre von Laien-Arbeitern zu echten Fachleuten geworden. Markt ist ihr Hobby und ihre Leidenschaft. Wer bei der Wahl des Gemeinderates kandidiert, weiß, dass er etwa zwei Wochen seines Jahresurlaubs für die heiße Phase des Marktes opfern muss. Die praktische Arbeit für den Markt wird in Aufgabenbereiche eingeteilt; 2003 waren für den
Kram- und Vergnügungsmarkt zuständig: Manfred Lübker, Gisela Schmedthost, Walter Lübker und Friedel Corshenrich
für die Landmaschinenausstellung: Günter Kubutat und Dieter Janza
für die Gewerbeschau: Günter Dittgen und Gerd Lampe (letzterer auch für den Viehmarkt)
für die Marktleitung, d. h. in erster Linie für die Kassengeschäfte: Erich Heuer und Carsten Seelke.
Der Bürgermeisterin Ingrid Thrien, die im Vorfeld alle Zu- und Absagen schriftlich zu bearbeiten hat, verbleiben während der eigentlichen Markttage neben den koordinierenden Arbeiten des „freien Mannes" die repräsentativen Pflichten. Darüber hinaus ist sie in Konfliktfällen für die Schlichtung zuständig, was glücklicherweise nur selten nötig ist.

In der Woche vor Marktbeginn beziehen die elf Damen und Herren ein kleines, gepflegtes Blockhaus auf dem Marktgelände, das sie liebevoll „Rathaus" getauft haben. An ihren großen dunklen Hüten kann man die fleißigen und einsatzfreudigen Ratsmitglieder erkennen – wer seinen Hut vergisst, muss in die Gemeinschaftskasse zahlen.

Foto: W. Lübker

Marktausschuss 2003: Gisela Schmedthorst, Gerd Lampe, Dieter Janza, Erich Heuer, Carsten Seelke, Manfred Lübker, Günter Kubutat, Ingrid Thrien, Walter Lübker, Günter Dittgen, Friedel Corshenrich (v.l.n.r.)

„Nach dem Markt, ist vor dem Markt"; nach diesem Motto gibt es keinen richtig „marktfreien" Monat. Noch nicht einmal der Januar, denn bis Ende dieses Monats müssen die Bewerbungen für den Vergnügungsmarkt sortiert und den Fahrgeschäften die Zusagen gegeben werden, damit diese ihre Fahrtrouten rechtzeitig zusammenstellen können. Die Anmeldungen für die übrigen Geschäfte des Kram- und Vergnügungsmarktes müssen dem Marktausschuss bis zum 30. März, für das Freigelände und das Gewerbezelt bis zum 30. Juni vorliegen.

Foto: Dieph. Kreisblatt

Marktausschuss 1981: Dieter Hüsemann, Friedhelm Lüdeker, Herbert Petering, Hermann Schnittker, Klaus Kütenbrink, Ingrid Thrien, Günter Dreyer, Willi Lösche, Georg Schnabel, Reinhard Vogt, Werner Fenne, Gerd Patzwald, Erich Heuer (v.l.n.r.)

Dann erfolgt die wohl verantwortungsvollste Arbeit des Marktausschusses, die bereits 1938 und wiederum zwölf Jahre später zum erwähnenswerten Problem geführt hat; denn 1950 berichtete zwei Wochen vor Marktbeginn die „Diepholzer": *„Bergeweise brachte der Briefträger in den letzten Wochen schriftliche Anfragen und Telegramme und der Fernsprecher stand nicht still durch all' die ungeduldigen Rückfrager, die es nicht abwarten konnten, bis die vielen Eingänge gesichtet, durchgesprochen und erledigt wurden. ... Noch in keinem Jahr war die Zahl der sich bewerbenden Karussells, Buden und Standbesitzer, Schauen und Attraktionen und was es da sonst noch gibt, so groß wie jetzt. ... Sorgfältig wird die Auswahl getroffen. Nichts darf fehlen, was zu einem richtigen großen Marktzauber gehört, aber auch Überbesetzungen gleicher Unternehmen müssen vermieden werden, denn wer eine Zusage erhält, soll auch, soweit es die Verantwortlichen beeinflussen können, sein Geschäft machen".*

Daran hält sich auch der heutige Marktausschuss: Nach über fünfzig Jahren erfolgt die Auswahl nach denselben Gesichtspunkten. Auch hier ein Stück Tradition!

Nur der Andrang der Bewerber, die aus ganz Deutschland stammen, ist noch größer geworden. Man könnte zu Marktzeiten den ganzen Ort mit Aus- und Schaustellern zupflastern. Im Jahr 2003 bemühten sich 1183 Marktbeschicker um einen Platz. Auf dem 60 000 m² großen Gelände konnten aber jeweils nur 75 Bewerber auf dem Freigelände bzw. im Gewerbezelt, 20 am Dienstag auf dem Viehmarktgelände und insgesamt 320 auf dem Vergnügungsmarkt Berücksichtigung finden. Kein Wunder, dass im Marktausschuss schon manchmal die Frage diskutiert wurde, den Marktplatz in den Osten Brockums zu verlagern und dann größer aufzuziehen. Kaum vorzustellen jedoch, was der Markt an typischer Atmosphäre verlieren würde, wenn die vielen kleinen Verkaufsbuden und Garagenkneipen in den Straßen des Ortes verschwänden! Das traditionelle „Pohl-stäken" am Mittwoch vor dem Markt ist für viele Marktbezieher die letzte Hoffnung auf einen Platz. Mit Maßband, dickem Hammer, Zollstock, Sägemehl und beschrifteten Holzplöcken, die aus den letzten Buchen-Armlehnen der ehemaligen Polstergestellfabrik Janus bestehen, sind die Mitglieder des Marktausschusses unterwegs. Umringt sind sie dabei von den neuen Beschickern, die ihre Plätze erstmals zugewiesen bekommen sowie einem ganzen Rudel von Händlern und Schaustellern, die im Falle kurzfristiger Ausfälle von Kollegen noch ein Plätzchen zu ergattern hoffen.

Zu den vorbereitenden Arbeiten gehören auch etliche Sitzungen zwischen Amtsverwaltung und Marktausschuss. Außerdem findet schon im Frühjahr die Zusammenkunft mit dem Festwirt des Bayernzeltes wegen des Programms und der musikalischen Gestaltung der Eröffnungsfeier statt. Im Frühherbst müssen die Versammlungen für die Kassierer und Ordner sowie für die Besitzer der Flächen einberufen werden, die während der Markttage als Parkplätze dienen. Besonders problematisch ist die Zusammenkunft mit den Parkplatzeignern, weil die Besitz- oder Pachtverhältnisse den „Marktmachern" keinen Einfluss auf die äußere oder preisliche Gestaltung gewähren.

Daneben müssen andere große Märkte besucht werden, um neue Entwicklungen rechtzeitig zu erkennen und gute Ideen den Brockumer Verhältnissen anzupassen.

Während der Marktausschuss die praktische Arbeit auf dem Marktgelände meistert und die Zu- bzw. Absagen bearbeitet, obliegt der Verwaltung der „Samtgemeinde Altes Amt Lemförde" die Erledigung folgender Schreibtisch- und Organisationsaufgaben:

- die Programmvorschläge vom Festwirt einholen
- eine Kapelle zur Markteröffnung verpflichten
- die gesamte Werbung (Plakate, Zeitungsanzeigen und –berichte, Briefverschlussmarken, Autoaufkleber, Bierdeckelwerbung, Hörfunk, Flyer, Internet) anschieben und koordinieren
- die Presseinformationen aktualisieren
- die Anerkennung der Veranstaltung als Jahrmarkt einholen
- die Landmaschinenschau als Ausstellung genehmigen lassen
- die Eintrittskarten(Tanzbänder) bestellen
- die Stromversorgung sicherstellen
- die Telefonanschlüsse (für DRK, Polizei, Marktleitung, Festzelt und öffentliche Münzfernsprecher) beantragen
- die Einladungen für die Markteröffnung versenden

- Versicherungs- und Haftpflichtfragen klären
- die finanziellen Angelegenheiten regeln und die Rechnungsführung erstellen
- Prozesse bei Klagen wegen Nichtzulassung zum Marktgelände führen
- die Sitzungsunterlagen für den Marktausschuss erarbeiten

Der alljährliche hervorragende Marktbesuch darf als Bestätigung dafür gesehen werden, dass es dem Gemeinderat in guter Zusammenarbeit mit der Amtsverwaltung immer wieder gelingt, den vielfältigen Anforderungen einer derartigen Großveranstaltung gerecht zu werden.

Als Dank darf aber auch das gute Verhältnis gesehen werden, das der Marktausschuss zu den Marktbeschickern aufgebaut hat. Erstmals lud Bürgermeister Lohmeyer 1970 alle für einen reibungslosen Marktablauf Verantwortlichen und alle Aus- und Schausteller zu einem gemeinsamen Imbiss mit anschließender Aussprache ein. Bei dieser Zusammenkunft, später im zweijährigen Rhythmus, sollten alle Sorgen und Probleme angesprochen und wertvolle Anregungen für die Folge-Märkte gegeben werden.
Seit 1992 ehrt die Gemeinde langjährige Beschicker des Brockumer Marktes für ihre Treue[24]. Auch diese Geste der Zusammengehörigkeit ist mittlerweile Tradition und findet alljährlich am Montagmorgen im Zelt von Bökenheide statt.
Seit 1986 richten die Marktbezieher quasi im Gegenzug am Donnerstag vor Marktbeginn einen gemeinsamen Ausspracheabend mit den Gemeinderatsmitgliedern aus, auf dem sie langjährige Marktmeister und bewährte Helfer auszeichnen. Weil es heutzutage wegen der guten Infrastruktur des Marktplatzes selten ein Problem gibt, findet bei Musik und Tanz schnell der gesellige Teil des Abends statt.

Das gute Verhältnis zwischen Aus- und Schaustellern und den Mitgliedern des Marktausschusses wird jedem Besucher an den Haupteingängen zum Marktgelände deutlich: Dort wird auf großen, mit bunten Lichterketten geschmückten Schildern „Viel Vergnügen" gewünscht. Gestiftet wurden diese Schilder von

---

[24] Willi Meyer aus Varrel war der erste, der für 25 jährige „Ausstellertreue" geehrt wurde.

der Gemeinschaft der Brockumer Aus- und Schausteller!

Auch die Großzügigkeit einiger Marktbeschikker muss erwähnt werden, wenn sie beispielsweise bei ihrer Abreise dem Brockumer Spielkreis namhafte Spenden hinterlassen.

Die gute Zusammenarbeit beider am Markt beteiligten Gruppen zeigt sich ebenfalls, wenn wieder einmal ein großes attraktives Fahrgeschäft kurz vor Marktbeginn absagt und die Schausteller die klaffende Lücke mit annehmbarem Ersatz zu füllen suchen. So bewiesen

die Brockumer Marktbezieher 1999 gleich zweimal ihre guten Kontakte innerhalb des Schaustellergewerbes und ersetzten kurzfristig zwei ausfallende Fahrgeschäfte mit ansprechendem Ersatz. In Brockum leben Marktausschuss und Marktbeschicker wie eine Familie zusammen: Sie pflegen ihre guten Beziehungen.

Aus dem Leben eines Schaustellers

Zu einem wesentlichen Teil lebt der Brockumer Markt von der Tradition, kein Wunder, wenn man bedenkt, dass er mindestens seit 1558 (s. Kapitel „Vorfälle und besondere Ereignisse") gefeiert und dass dieses große norddeutsche Volksfest von so mancher Schaustellerfamilie in der dritten oder gar vierten Generation gern beschickt wird.

„Meine Schwiegereltern, Wilhelm und Elise Dreß aus Rabber, waren seit ihrer Eheschließung im Jahre 1900 mit selbstgebackenen Erzeugnissen auf dem Brockumer Markt, der damals noch an der Straße nach Oppendorf stattfand", erzählt Lina Dreß, geb. Engelbrecht. „Ungefähr ab 1930 übernahmen die Söhne Erich und Friedrich (Friedel) das Geschäft und zogen mit Bude, Pferd und Wagen von Markt zu Markt, um die Backwaren zu verkaufen, die die Eltern in Rabber in ihrer Backstube hergestellt hatten. Auch meine Eltern betrieben eine ‚Kuchenbude', zogen aber mit dieser nur auf die Feste rund um den Berg und in die Gegend von Rahden. Die Waren bezogen sie von Dreß aus Rabber. Ich heiratete Friedel, der sich 1936 selbstständig machte und eine Existenz in Lemförde aufbaute. Natürlich zog ich mit auf die Märkte. Als der Krieg kam, wurde Friedel eingezogen. In Stalingrad geriet er in Gefangenschaft, aus der er erst 1947 heimkehrte. Wir nahmen sofort den Geschäftsbetrieb wieder auf. Unser Leben war recht anstrengend, aber doch sehr abwechslungsreich. Zwischen 1958 und 1965 stellten wir unser Geschäft von Buden auf Ver-

kaufswagen um. Dadurch wurde manches leichter".

Heute gehören fünf Wagen zur „Lebkuchenflotte Dreß", die inzwischen von der dritten (Edelhardt und Margot Lampe, geb. Dreß) und der vierten Generation (Tina und Stefan) betreut werden.

l. Lina Dreß, Kuchenbude zw. 1930 bis 1940   Foto: E. Lampe

Friedrich Dreß   Foto: E. Lampe

Die Brauns, die Dreß', die Marx' und die Webers gehören zum „beweglichen Inventar" des Brockumer Marktes und stellen so etwas wie eine Institution dar.

Im Schicksal dieser Familien spiegelt sich jeweils ein Stück Marktgeschichte wieder. Der fast achtzigjährige „Bubi" (Ludwig) Braun, einer der ältesten Schausteller in Brockum, erinnert sich:

„Schon lange vor dem Krieg waren meine Eltern mit einem Kinderkarussell und einer Schaubude (mit Tieren) Stammkunden in Brockum. Ich half schon als Kind im elterlichen Geschäft oder bei ‚Onkel Friedel' (Dreß). Da sollte ich beim Auspacken helfen, was ich sehr gern tat, denn als Belohnung durfte ich die plattgedrückten Negerküsse aufessen.
Angefangen hatte Mutter übrigens mit einem kleinen Tisch, auf dem sie Bouillon verkaufte.
Früher bestand der Kram- und Vergnügungsmarkt in Brockum hauptsächlich aus Buden, in denen Kuchen (Bienenstich oder Plattenkuchen), Lakritz, türkischer Honig, Lutschstangen und andere Süßigkeiten angeboten wurden. Nachts musste ein Familienmitglied unter dem Tresen schlafen, damit Einbrecher sofort verjagt werden konnten. Natürlich gab es auch mehrere Stände mit ‚Heiß-Heiß' (Würstchen). Dohmeyer aus Aldorf war immer da. Bei ihm gab es Spielwaren wie Brummkreisel, Knallerbsen, Pistolen und Zündplättchen zu kaufen. Beliebt waren die Schießbuden (manchmal gab es sogar drei davon), ‚Haut den Lukas' (einer für Kinder war auch dabei), Wahrsager Winters, die Tierschauen und das Panorama, wo man hinter Gläsern allerhand „Sensationen" sehen konnte.

Während der Saison lebten wir in unserem Wohnwagen, der 3 ½ m lang und 2 ½ m breit war. Die vier Betten standen quer. Ein Ausziehtisch wurde von der Wand geklappt. Beim Schein einer Petroleumlampe saßen wir abends auf Hockern drumherum. Der Kleiderschrank war so schmal wie ein Spind bei den Soldaten. Gekocht wurde auf einem emaillierten Eisenherd. Eine Waschschüssel diente der Körperpflege. In einer Milchkanne holten wir das Wasser dafür. Wer eine Toilette brauchte, ging nach draußen, nachts wurde ein Eimer benutzt.

Foto: Braun

Der eisenbereifte Wagen wurde von einem Hanomag-Schlepper WD gezogen, der auf Vollgummirädern lief und 22 PS leistete. Nach viertelstündigem Vorwärmen konnte die Maschine gestartet und mit Petroleum gefahren werden; sie lief in der Stunde 15 Kilometer. Wenn wir abreisten, war der ganze Ort in eine riesige Dunstglocke gehüllt.

Die finanziell gut gestellten Schausteller nahmen ihre Kinder nicht auf die Märkte mit, sondern brachten sie in einem Internat unter. Das galt nicht für uns. Wir mussten mit den Eltern mit, blieben aber schulpflichtig, so dass wir während der Markttage die örtlichen Volksschulen besuchten und dort unser ‚Schulbuch' vorlegten.

Schulbesuch des Schülers Ludwig Braun im Jahre 1934

Datum	Schule	Zeitraum
27. Mai bis 29. Mai	Ev. Volksschule Dülmen	3 Tage
30. Mai bis 05. Juni	Ev. Volksschule Herten	7 Tage
07. Juni bis 13. Juni	Ev. Volksschule Pelkum	7 Tage
14. Juni bis 18. Juni	Ev. Bismarckschule Bönnen	5 Tage
19. Juni bis 21. Juni	Ev. Volksschule Flierich	3 Tage
22. Juni bis 25. Juni	Ev. Volksschule Rhynern	4 Tage
28. Juni bis 03. Juli	Kath.Volksschule Mesum	6 Tage
05. Juli bis 08. Juli	Kath. Volksschule Wellingholzhausen	4 Tage
10. Juli bis 11. Juli	Kath. Volksschule Enniger	2 Tage
14. Juli bis 17. Juli	Kath. Volksschule Oelde	4 Tage
19. Juli bis 24. Juli	Volksschule Wettringen	6 Tage
25. Juli	Kath. Volksschule Metelen	1 Tag
27. Juli bis 03. Sept.	Sommerferien	----
21. August	Volksschule Rütenbrock	1 Tag
22. August bis 25. August	Kath. Volksschule Haren	4 Tage
28. August bis 30. August	Ev. Volksschule Papenburg-Bockel	3 Tage
31. August bis 04. Sept.	Volksschule Herzlake	5 Tage
05. Sept. bis 12. Sept.	Ev. Volksschule Schapen	8 Tage
13. Sept. bis 18. Sept.	Volksschule Bawinkel	6 Tage
23. Sept.	Volksschule Meppen	1 Tag
24. Sept. bis 26. Sept.	Volksschule Rhede	3 Tage
19. Okt. Bis 22. Okt.	Volksschule Meppen	4 Tage
25. Okt. Bis 01. Nov.	Volksschule Aurich	8 Tage
03. Nov. Bis 07. Nov.	Knabenschule Jever	5 Tage
08. Nov. Bis 16. Nov.	Volksschule Zetel	9 Tage

Das Schulbuch von Ludwig Braun weist zwischen dem 27. Mai und dem 16. November 25 verschiedene Einträge von Schulen auf!

Das war für uns Kinder nicht leicht: Ständig standen wir vor neuen Lehrern und anderen Lernstoffen. Und wenn wir die Situation nicht schafften, störten wir den Unterricht. Auch auf dem Schulhof gab es Spannungen, besonders wenn uns die einheimischen Kinder mit ‚Zigeuner' beschimpften. Dann gab es regelmäßig eine Klopperei, denn erstens gehören wir Schausteller ja nicht zu den Zigeunern und zweitens sind auch diese Nichtsesshaften natürlich Menschen, sie leben nur anders.

Der Krieg kam und ich wurde eingezogen. Ich musste in Russland kämpfen und geriet für fünf Jahre in Gefangenschaft. Ich hatte den Kontakt zu meinen Angehörigen verloren und versuchte während des Marktes 1948 diese über die Gemeinde Brockum wiederzufinden.[25]

---

[25] Die Karte aus dem russischen Kriegsgefangenenlager 7707 wird noch heute bei der Gemeinde Brockum als ein besonderes Stück der Marktgeschichte aufbewahrt.

1950 wurde ich endlich entlassen und ging als Spätheimkehrer nach Brockum. Ich erhielt von keiner staatlichen Stelle eine Unterstützung. Dem damaligen Bürgermeister Wiegmann muss ich leid getan haben, denn er schenkte mir privat fünf Mark.

Ich wollte mich als Schausteller selbständig machen und ein eigenes Geschäft aufbauen. Dazu brauchte ich aber einen Kredit. Die Kassen lehnten ab, weil sie bis 1962 nur für ,feststehende Objekte' finanzielle Starthilfen gewährten.

Ich begann mit einer Kinderschiffschaukel. Zehn Pfennige kostete damals eine Fahrt. Das reichte aber nicht für eine Existenz. So habe ich mir ein Kinderkarussell von einer anderen Firma gemietet. Die Hälfte der Einnahmen musste ich an diese Leute abliefern, die andere Hälfte blieb mir.

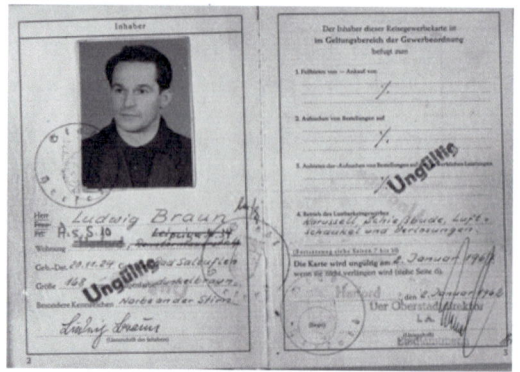

Aus „Bubis" Reisegewerbekarte geht hervor, dass er 1962 die Genehmigung erwarb, ein Karussell, eine Schießbude, eine Luftschaukel und eine Losbude zu betreiben. Die Autotunnelbahn und die Autogebirgsbahn waren Karussells, mit denen er in den 60ern auch in Brockum viele Freunde fand. 1969 erlangte Ludwig Braun die Berechtigung, einen „Autoselbstfahrer" (Autoskooter) aufzustellen.

Foto: Braun

Foto: Braun

Allmählich ging es aufwärts. 1955 konnte ich mir das erste Auto, einen dreirädigen Borgward Goliath kaufen. Zwei Leute passten hinein. Es war ein Zweitakter, der den Motor hinten hatte. Mit seinen sechs PS fuhr er auf seinen Wulstreifen 28 km/h. Auf 100 Kilometer hatte er einen Verbrauch von 3 Litern Benzin".

Mit dem Autoskooter und einem Kinderkarussell bezog „Bubi" Braun bis 1998 den Brockumer Markt. Wie kaum ein anderer Marktbeschicker kannte er dieses große Volksfest, so dass ihn die Brockumer Schausteller schon vor 23 Jahren zu ihrem Sprecher wählten. Als er mit 76 Jahren in den Ruhestand ging, übernahm sein Sohn die Geschäfte.

Brockum lebt mit und vom Markt

Brockum hat nur 1100 Einwohner. Da hat fast jeder in irgendeiner Form mit dem Markt zu tun. Das Diepholzer Kreisblatt meint dazu: *„Ganz Brockum lebt mit und zum Teil auch vom Markt. Das fängt an bei den Ratsmitgliedern, den Gemeindearbeitern mit Gerd Schmedthorst, reicht über die Besitzer von Grundstücken, die ihre Familien während des Marktes als Parkplatzwächter hinausschicken bis hin zu den Besitzern von Häusern auf dem Marktgelände, die Bier zapfen, Brötchen schmieren oder Suppe kochen. Nicht zu vergessen sind die etwa 20 Ordner und Kassierer, die auf der Landmaschinenausstellung und in der Gewerbeschau täglich ihren Dienst verrichten oder die Angestellten der Sicherheitsdienste"*, die mit ihren Hunden dafür sorgen, dass auf der Landmaschinenschau und in der Gewerbeausstellung nachts niemand Angst um sein Eigentum haben muss.

Das DK erwähnt hier nicht die Männer der Brockumer Feuerwehr, die neben der Brandwache ebenfalls Arbeiten des Sicherheitsdienstes übernehmen.

Auch mancher Handwerker des Ortes kann sich über Aufträge im Rahmen des Marktes freuen.

Natürlich müssen hier ebenso die zahlreichen Besitzer von Privatquartieren in Brockum selbst und in der Umgebung genannt werden, wie die Inhaber der gastronomischen Betriebe der Dümmerregion: Während des Marktes steht kaum ein Fremdenzimmer leer.

Die Zeiten, in denen die Brockumer Schuljungen Karussells antrieben oder Bremsbretter betätigten und als Belohnung Freikarten erhielten, sind dagegen unwiderruflich vorbei.

Marktschlager

Wie konnte vor dem Ersten Weltkrieg, in einer Zeit also, als Radio, Tonfilm und Fernsehen unbekannt waren, eine Melodie zum Schlager werden, den jeder kannte und mitsang?

Nur selten besaß jemand ein Grammophon und Schallplatten. Eine eingehende Melodie, ein „Ohrwurm", konnte eigentlich nur über die Kapellen Verbreitung finden, die bei Familienfeiern auf der Bauerndiele oder anderen größeren Räumlichkeiten zum Tanz aufspielten. Feste von Vereinen, die heute weitgehend das Dorfleben bestimmen und die alljährlich zu ihren traditionellen Bällen einladen, fanden - bis auf die der Kriegervereine, die nach dem gewonnenen Krieg gegen Frankreich 1870/71 in den größeren Orten gegründet wurden – nicht statt.

So gehörten die jeweils gängigen Schlager zu den Neuheiten eines Marktes, die die Besucher jedes Jahr gern mit nach Hause nahmen und dort verbreiteten. Jeder wusste, dass die Drehorgeln Ohrwürmer auf der Walze hatten. Folglich stand das Publikum dicht gedrängt um den „Leierkastenmann" und sang die Texte mit, die es zuvor für einen Groschen erworben hatte.

Die Marktbummler des Diepholzer Kreisblattes vermerkten fast regelmäßig die Schlager der einzelnen Jahre:

1903   Zwei dunkle Augen, ein rosiger Mund,
      sind all mein Glück zu jeder Stund',
      Es lädt zum Kusse der Mund mich ein
      Und die Augen sind mein Sonnenschein …
           ***

      Ich kenn' ein einsam Plätzchen auf der Welt,
      Liegt ruhig, still verborgen,
      Dort flieh' ich hin, wenn mich der Kummer quält,
      Es plagen mich die Sorgen.
      Und fragst du mich, so sag' ich's dir,
      Es liegt nicht weit, nicht weit von hier.
      Der liebste Platz, den ich auf Erden hab',
      Das ist die Rasenbank am Elterngrab.

1904   Heut' sehen wir uns zum allerletzten Mal,
      wir gehen nach Kamerun, wir gehen nach Afrika

1905   Hab'n Sie nicht den kleinen Kohn gesehen?
      Sah'n Sie ihn denn nicht vorübergeh'n?
      In des Volkes Menge kam er in's Gedränge,
      Denken sie sich den Schreck –
      Der kleine Kohn ist weg.

1907   Vilja, o Vilja, du Waldmägdelein,
      Faß mich und laß mich dein Trautliebster sein.
      Vilja, o Vilja, was tust du mir an?
      Bang' fleht ein liebkranker Mann.

1908   Und dann schleich ich still und leise, immer an der Wand lang,
      Heimwärts von der Bummelreise, immer an der Wand lang,
      Schimpft zu Haus auch meine Olle, immer an der Wand lang,
      Ja, ick bin 'ne dolle Bolle, immer an der Wand, an der Wand entlang.

1909   Wir tanzen Ringelreih'n einmal hin und her,
      Dem Hänsel und der Gretel fällt das gar nicht schwer,
      Und streut der Sandmann leis' aus seinem Sack den Schlaf,
      Dann singen alle Eng'lein: Gott wie sind die brav,
      Dann singen alle Eng'lein: Gott wie sind die brav.

1912   Komm in meine Liebeslaube
      In mein Paradies,
      Denn in meiner Liebeslaube
      Träumt es sich so süß.
      Wenn in den Büschen verliebt die Heimchen schwirren,
      Zärtlich die Taubenpärchen girren,
      Freundlich der sanfte Mondschein lacht,
      Hält Amor die Liebeswacht.
           ***

      Ja, das haben die Mädchen so gerne,
      Die im Stübchen und die im Salon,
      Schau'n des Nachts in ihr Bettchen die Sterne,

Da träumen sie alle davon!
***

Wenn hier 'n Pott mit Bohnen steiht
Un dor 'n Pott mit Bri,
Denn lat' ick Bri un Bohnen stahn
Un danz mit mien Mari!
***
O Mariechen, du süßes Viehchen,
Du bist mein alles, bist mein Edelstein,
O Mariechen, ich möchte kriechen
Dir in dein kleines Herz hinein.

1913   Puppchen, du bist mein Augenstern,
Puppchen, hab dich zum Fressen gern,
Puppchen, mein süßes Puppchen
Nee – ohne Spaß, du hast so was!
Puppchen, du kannst so reizend sein,
Puppchen, ach wärst du doch bloß mein,
Puppchen, mein süßes Puppchen
So schlag doch ein,
Sag nicht nein und werde mein ---

1920   Bei der Nacht, wenn die Liebe erwacht
Und am Himmel der Mond hält Wacht.
Dann mein Schatz schlaf nur nicht ein,
Ja dann komm ich und du bist mein!
Ach du mein Lieschen, Lieschen, Lieschen,
komm ein bißchen, bißchen, bißchen
In die Diele, s wird schon kühle,
Wo die kleinen Mädchen scherzen,
Wo sie haben Liebesschmerzen,
Wo es Cake, Cake, Cake zum Kaffee gibt,
Wo die kleinen Mäulchen plappern,
Wo die braunen Äuglein klappern,
Wo das Männchen und das Weibchen sind verliebt.

1921   Gott, sind die Menschen doch sentimental
Sie machen sich selber die Liebe zur Qual!
Beim allerkleinsten Flirt man ew'ge Liebe schwört.
Wir sind moderner, Mann oder Maid,
Wir lieben treu, aber immer auf Zeit!

Das leuchtet jedem ein: da gibt's keine Schererei.
Das Küssen einem immer schmeckt,
Wenn man oft wechselt das Objekt.
Doch wehe, dreimal wehe! Vor Liebe, Verlobung und Ehe.
Refrain:
Wer wird denn weinen, wenn man auseinandergeht,
Wo an der nächsten Ecke schon ein andrer steht!
Man sagt: Aufwiedersehn! – und denkt sich heimlich bloß:
Na, endlich bin ich wieder mein Verhältnis los!
***
„Bummel-Petrus"
Überall herrscht große Kohlennot,
selbst im Himmel ärgern sie sich tot.

Petrus steckt nur zögernd dann und wann,
Hier und da ein Sternlein an.

Sparsamkeit ist oben auch beliebt,
Nur bis neun Uhr Sternenlicht es gibt.
Alle Engel, ob sie groß, ob klein,
Müssen dann ins Bett hinein.

Nur der Bummel-Petrus spricht von dem Babagehen nicht,
Oft schleicht er mit einer Maus,
Abends aus dem Himmel raus.
Ja, ja, ja, ja, sich aus dem Himmel raus.

Leise sucht er seinen Schlüssel vor
Und verschließt das Himmelstor;
Dreht die Lampe in dem Mond ganz klein,
Lachend sagt sein Mägdelein:
Refrain:
Petrus schließt den Himmel zu,
Alle Englein gehen zur Ruh',
Nur der schlaue Petrus wacht,
weil der alte Bengel heut'
Mit seinem Engel einen kleinen Bummel macht.

***

Salome. Still durch den Sand der Sahara dahin die Karawane sich zieht,
Welcher der Forscher, der junge, aus Wien führt in ein neues Gebiet.
Plötzlich am Rand der Oase erspäht, was er geschaut nie zuvor,
Er sieht ein Weib, das jauchzend sich dreht zu der Araber Chor.
Refrain:
Salome, schönste Blume des Morgenlands,
Wirst zur Göttin der Lust im Tanz,
Salome, reich' den Mund mir wie Blut so rot.
Salome, deine Küsse sind süßer Tod.

***

Der „Marktbummler" des Diepholzer Kreisblattes, der 1922 offensichtlich zum ersten Mal den Brockumer Markt aufsucht, nennt keinen neuen Schlager, schweift aber bei seinem Bericht über das Tanzen und die Musik stark ins Moralische ab, indem er kommentiert: „*Mit großer Überraschung und wirklichem Vergnügen stellte ich fest, daß man auf dem Brockumer Markt von der modernen Schieberei, die sonst auf allen Tanzböden gang und gäbe ist, noch unberührt geblieben ist. Ein einziges, anscheinend großstädtisches ‚Schieberpaar' fiel mir in der Reihe der Tanzenden, ich muß sagen: unangenehm, auf. Die übrigen tanzten die alten, guten deutschen Tänze, die man selten noch zu sehen bekommt. Ich will nicht in den Fehler verfallen, wie alte Tanten und Großmütter von der ‚guten alten Zeit' zu schwärmen, wo jedes Mädchen sittsam und jeder Jüngling bieder war – nach meiner Ansicht hat ‚Jugend' nie ‚Tugend' gehabt, weder heute noch früher: wohingegen sich diese Eigenschaft mit zunehmendem Alter bei den meisten Menschen aus Gründen, die hier unerörtert bleiben mögen, von selber zu entwickeln pflegt, eine Erscheinung, an der ihr guter Wille so unschuldig ist wie das Schwein am Fettwerden. Trotz dieser meiner Weitherzigkeit inbezug auf menschliche Schwächen muß ich gestehen: die heutigen Liedertexte lassen an Unzweideutigkeit alles hinter sich, was früher getanzt und gesungen wurde. Gewiß, das leichte Liebeslied war auch da Trumpf, aber es deutete doch höchstens ganz verschämt an, was heute mit den plattesten Ausdrücken klar und deutlich in die Welt hinausgeschrieen wird, noch dazu von einer Jugend, die so wenig Lenze zählt, daß der Optimist hoffen muß, sie versteht nicht, was sie singt; denn sonst würde doch manche helle Knabenstirn, manch rosiges Mädchenantlitz vor Scham erglühen müssen! Es wird wirklich höchste Zeit, daß das Publikum solche Liedertexte entschieden ablehnt, anstatt sie gedankenlos als ‚neueste Schlager' beim Klange der Flöten und Geigen mitzusummen! Und dann erst die sprachliche Seite dieser Lieder! ‚Die Rasenbank am Elterngrab,' ‚Zwei dunkle Augen' und sonstige fast vergessene Tänze der Vergangenheit –*

welch einer geradezu hervorragend edlen Ausdrucksweise befleißigten sich die Dichter dieser Lieder verglichen mit den Verfassern solcher Texte wie: ‚Max, du hast das Schieben raus,' die heute das Entzücken unserer tanzlustigen Jugend bilden. Und w i e schieben und wackeln sie alle nach dieser gar nicht wieder loszuwerdenden Melodie!"

1926 Ich hab' mein Herz in Heidelberg verloren in einer lauen Sommernacht.
Ich war verliebt bis über beide Ohren,
und wie ein Röslein hat ihr Mund gelacht.
Und als wir Abschied nahmen vor dem Tore,
beim letzten Kuß, da hab ich klar erkannt,
daß ich mein Herz in Heidelberg verloren,
mein Herz es schlägt am Neckarstrand.

1927 In einem Schuppen lag ein großer Käse,
die ganze Nachbarschaft war darauf böse,
weil er sich dort nicht ganz korrekt benahm´,
drum manch' Gerücht von ihm man dort vernahm.
Da eines Nachts, man hörte lautes Pochen,
man hatte in den Schuppen eingebrochen,
man stahl den Käse, der noch nicht verzollt,
und hat ihn dann zum Bahnhof hingerollt,
und Tags darauf man hört ein neues Lied
mit dem Refrain fürs Herz und fürs Gemüt:
Refrain:
wer hat bloß den Käse zum Bahnhof gerollt,
das ist 'ne Frechheit, wie kann man so etwas tun,
denn er war noch nicht verzollt;
die Polizei hat sich hineingelegt,
jetzt ist sie böse sehr und grollt,
weil man hat einen Käse zum Bahnhof gerollt!
***
Alle weinen um den einen, um Professor Friedrich Wilhelm Maier;
Alle fragen, alle klagen; denn der Schmerz um Maier der ist ungeheuer.
Morgen fährt er als Gelehrter nach dem höchsten Punkt des Himalaya!
Welch ein Schreck, er geht uns weg. Und jeder fragt im Publikum: Warum?
Refrain:
Was macht der Maier am Himalaya?
Wie kommt der Maier, der kleine Maier auf den großen Himalaya?
Rauf, ja das kunnt' er. Ich frag mich aber, wie kommt er runter? Ich hab so Angst um den Maier, er macht 'nen Rutsch und ist futsch!

„Das Lied vom Rhein ist ja ein bißchen reichlich sentimental, ungefähr so wie das vorjährige in Heidelberg verlorene Herz, und Professor Maier und der Käse sind das Blödeste vom blöden – aber eins muß man den meisten Schlagern von heute, so dumm und albern sie sein mögen, lobend nachsagen: so unanständig und gemein wie die vor einigen Jahren üblichen sind sie nicht mehr. D a r a n muß das Publikum doch wohl allmählich, aber nachdrücklich Anstoß genommen haben, so daß es sich für die Herren Schlagerfabrikanten nicht mehr lohnt, in diesem Stil weiterzuarbeiten. Und das scheint immerhin ein bemerkenswertes Zeichen für die Erhebung unseres Volkes aus dem moralischen Sumpf zu sein, in dem Krieg, Revolution und Inflation es hineingezogen hatten" (Marktbummler des DK 1927).

1929   Es war einmal ein treuer Husar - In der kleinen Konditorei, da saßen wir zwei - Fräulein, pardon, ich glaub', wir kennen uns schon - Einmal sagt man sich adieu - Sonny Boy - Der Kaiser meiner Seele - Wenn du einmal dein Herz verschenktst, dann schenk es mir

1930   ist der Tonfilm da und mit ihm ganz neue Schlager: Dein ist mein ganzes Herz – Waldeslust

1932   Das gibt's nur einmal, das kommt nie wieder, das ist zu schön, um wahr zu sein.

1933   Der „Marktbummler" stellt fest, dass der „Deutsche Tanz" auch auf dem Brockumer Markt die Jazzmusik verdrängt hat.

1938   Küß mich, bitte küß mich – Ich tanze mit dir in den Himmel hinein, in den siebenten Himmel der Liebe – Ich schau so gern in deine Augen – In München steht ein Hofbräuhaus - Wenn die Sterne funkeln und die Männer von der Liebe munkeln – Einmal reichst du mir die Hand und sagst auf Wiedersehn

1949 „Auf der Tages-Tanz-Ordnung? Gewiß auch mal der lustige Bohnenpott oder die nicht minder lustigen Hannoveraner, auch mal ein Strauß oder ein Lehar, gesiegt haben auf der ganzen Linie aber die sogenannten modernen Tänze. Samba, Rumba – wer zählt die Namen, wer kennt die Texte - ? Der kleine Kohn, der zum Bahnhof gerollte Käse, Oma ihr klein Häuschen, der treue Husar und die ausgerechneten Bananen – ein klein bißchen Sinn bei allem Unsinn konnte man bei viel gutem Willen und ausgeschaltetem Verstand noch in euch hineingeheimnissen, aber d i e s e r Edelquatsch der Schlagerfabrikanten von heute kann dem geduldigen Leser nur schwarz auf weiß zum Bewusstsein kommen:

> Jonny schwärmt für Afrika, außerdem für Barbara,
> er bringt sie abends oft nach Haus.
> Eines Abends sagt er, dass er für die Fremde wär,
> und rief dabei begeistert aus:
> Kokosnüsse, Ananas, hei das wird ein Riesenspaß
> und auch Bananen gibt es dort!
> Jonny sagte: Laß uns fliehn, du brauchst keine Bohnen ziehn,
> doch wenn wir fliehen, dann sofort:
> Refrain:
> Barbara, Barbara, komm mit mir nach Afrika,
> wo die kleinen Negerlein noch tanzen Ringelreihn.
> Barbara, Barbara, kennst du noch nicht Afrika?
> Dann wird es die höchste Zeit, komm mit, es ist nicht weit.
> Dort, wo der Urwald ist, der schon so uralt ist,
> und wo die Affen gaffen, wenn sich zwei verstehn.
> Dort schleicht die Boa sich zu ihrem Boarich.
> Was es dort gibt, wie man dort liebt, das musst du sehn!
> Barbara, Barbara, komm mit mir nach Afrika,
> wo der Swing geboren ist und wo man „schwarz" nur küßt.

„Doch über den guten Geschmack wie über den schlechten läßt sich halt nicht streiten. Die tanzlustige Jugend aller Generationen pflegt sich auch über den Text weniger den Kopf zu zerbrechen, als die

Beine nach Noten in Bewegung zu setzen, vom Takte der Musike angelockt wie der Schmetterling vom Lichte[26]*. Und wer ewig nur beckmessern will, der kann halt daheimbleiben. "*

1950 Kein wirklich durchschlagender neuer Schlager. Doch noch wird gern gesungen: Lili Marlen – Wir sind die Eingebor'nen von Trizionesien – Heute blau, und morgen blau und übermorgen wieder

> Wenn bei mir der Groschen fällt,
> pfeif ich auf die ganze Welt
> und geh' für mein letztes Geld
> mal bummeln, bummeln, bummeln!
> Denn wenn die Musik erklingt
> Und ein süßes Mädel winkt,
> ja, dann muß ich unbedingt
> mal bummeln, bummeln, bummeln.

> Einmal, das ist doch keinmal,
> und so ein netter kleiner Seitensprung
> der macht bestimmt die Herzen jung.
> Drum wenn bei mir der Groschen fällt,
> pfeif ich auf die ganze Welt
> und geh' für mein letztes Geld
> mal bummeln, bummeln, bummeln!

1951 *„Der Mordsmodesambarausch, der noch vor zwei Jahren tobte und seine Wellen selbst bis Brockum warf, hat sich ausgesambat, doch die Texte der neuen Schlager sind ebenso geistlos wie die bisherigen ".* Leider wird vom „Marktbummler" des Kreisblattes kein Beispiel ge nannt.

1953 Anne-Lisa, Anne-Lisa,
warum büst du böse auf mich?
Anne-Lisa, Anne-Lisa,
du weißt ja, ich lübbe nur dich!

1955 Oh, mein Papa – Ganz Paris träumt von der Liebe

Welche Lieder fortan zum Schlager des Jahres wurden und welche Melodien akustisch einen Markt beherrschten, erfahren wir leider nicht mehr vom Marktbummler des Diepholzer Kreisblattes; Schlager zählten fortan eben nicht mehr zu den „umwerfenden Neuheiten", weil sie jeder schon zu Hause mehrfach auf der Schallplatte, im Film, im Fernsehen oder im Radio gehört und auf der Reise zum Markt bereits „auf den Lippen trug".

---

[26] Der Kritiker vergisst, dass für den Schlager gerade die einfachsten musikalischen Strukturen und die banalsten Texte, die an das Harmonie- und Glücksverlangen der Hörer appellieren, kennzeichnend sind.

Anreise zum Brockumer Markt

Wie vor rund 80 Jahren die Menschen zum Brockumer Markt anreisten, findet sich bei Hans Gerke:[1] *„Ist dann der Montag gekommen, so sind alle Straßen des Amtes Lemförde von Fußgängern, Radfahrern und Kutschwagen belebt; jeder ankommende Personenzug[2] schüttet auf dem Lemförder Bahnhof Scharen von Menschen aus".* Dort hatten die Ankommenden die Wahl, entweder per Pedes oder unter Benutzung einer Chaise (Kutsche) den Weg nach Brockum zurückzulegen. Der „Marktbummler" von 1924 berichtete etwas irritiert über eine *„wahrhaft großstädtisch anmutende Neuerung: Ein in Leder gekleideter Jüngling wies mit einladender Handbewegung auf ein Auto, das den Verkehr von und zum Markt vermittelte. Es war allerdings nur ein Lastauto, und eine Hühnerleiter vertrat die Stelle des Trittbrettes ... Ein bequemes Beförderungsmittel ist so ein Lastauto mit Sitzbrettern gerade nicht. Es ratterte und schüttelte, daß es nur so eine Art hatte. Wir Insassen ... saßen dauernd kerzengerade wie die Schulbuben, aus Angst, versehentlich an die Rückenlehne zu stoßen und dabei die Knochen zu brechen".*

Trotz der beschriebenen Torturen machte dies Beispiel Schule, denn im folgenden Jahr stellten sich bereits drei Fahrzeuge „in den Dienst der guten Sache" und pendelten zwischen Lemförde und Brockum.

Zum beliebtesten Verkehrsmittel entwickelte sich das Velociped (Fahrrad). So schrieb das Diepholzer Kreisblatt schon 1913: *„Die Stände für Räder waren überfüllt. Jahrmarkt (nach heutigem Verständnis ein „Parkplatzbesitzer") hatte 630 Räder eingestellt, Müller Rüter am anderen Ende des Marktes etwa 200 und Wendt dieselbe Zahl – über 1000 Räder!"* Wer genau aufpasste, konnte dicht vor dem Ort seinen Drahtesel sogar in einem „Fahrräderstand mit Haftpflicht" einstellen.

Die ländliche Bevölkerung reiste jedoch weiterhin überwiegend mit dem Pferdewagen an. Noch 1953 schreibt das Diepholzer Kreisblatt

„Schon in der Morgendämmerung sah man wohl auf allen Straßen, die nach Brockum führen, das gleiche Bild: ... Zwei gummibereifte Flachwagen aus Hunteburg, dicht besetzt mit Bänken und Stühlen, und auf ihnen Bäuerinnen und Bauern in bester Laune. Sie hatten sich gegen die Kälte des Morgens nicht nur durch wärmende Mäntel und Decken geschützt, sondern auch sonst wohl vorgebeugt. Hinter jedem Wagen trotteten mehrere Pferde, die in Brockum verkauft werden sollten".

Von den „Preußen" wird (noch 1955 vom Dieph. Kreisblatt) berichtet, dass sie in aller Frühe zu Fuß über den Stemweder Berg gingen, in der Hand ein großes rotes Taschentuch, in das der Mundvorrat für den ganzen Tag eingewickelt war. Zurück trugen sie darin die Mitbringsel für die daheimgebliebenen Frauen und Kinder.

In den 50er Jahren nahm der Autoverkehr schlagartig zu. Wahre Blechlawinen rollten in Richtung Brockum. Der Chronist des Diepholzer Kreisblattes klagt bereits 1954: *„Brockums Straßen und Wege sind mehr oder weniger wagen- und busgarniert. ... Jeder parkt individuell eigensinnig. Die Gemeindeväter sind herzlich gebeten, sich den Kopf zu zerbrechen, einen großangelegten Platz zu beschaffen, um künftig den gewiss noch zunehmenden Motorverkehr sinnvoll zu bändigen."*

Das Problem scheint vier Jahre später noch nicht beseitigt, denn dieselbe Zeitung berichtet: *„Schon in Lemförde fuhr man auf Brockumer Boden, der von den PKW's auf die Straße tropfte, in Quernheim begann das Spalier endloser Wagenreihen, und am Tatort, in Brockum selbst, kurvte man ziemlich verzweifelt umher, um einen halbwegs günstigen Parkplatz zu finden".*

Und vom Dienstag wird gesagt: *„Pausenlos spieen Omnibusse von 22 Linien ihre Fracht aus".* Die Busfahrer sollen nicht kleinlich gewesen sein. Beim Lösen eines speziellen „Fahrscheins" nahmen sie auch schon einmal ein Pony oder eine Ziege im Fahrgastraum mit. Mit den Ponys gab es unterwegs niemals Ärger, wohl aber mit den Ziegen, weil die Geruchsbelästigung für die Mitreisenden einfach unerträglich wurde.

---

[27] Gerke, H.: 1000 Jahre Brockum
[28] bis 1922 übrigens noch differenziert in 1. bis 4. Klasse; der Sitzkomfort bestimmte die Klassifizierung und damit den Preis

Mit dem Auto als gängigstes Verkehrsmittel der Landbevölkerung änderte sich verschiedenes für den Brockumer Markt: Auf der einen Seite vergrößerte sich erfreulicherweise das Einzugsgebiet der Marktbesucher (Radius etwa 100 km, so dass nun auch Besucher aus Holland erschienen), auf der anderen Seite blieben die Pferdeknechte fort, die bisher die Tiere schon am Montag nach Brockum gebracht und natürlich im Dorf übernachtet hatten, wo sie sich gern zum Marktsilvester trafen. Ihre Arbeit übernahmen nun riesige Viehtransporter, für die eigens eine Verladerampe bei Lammert gebaut wurde. Auch die Marktbeschicker motorisierten sich und spannten immer stärkere Zugmaschinen vor ihre Fahrgeschäfte, Wohnwagen oder fahrbaren Verkaufsstände.

Und ein neues Problem tauchte auf! Als der Markt von 1990 an den vier Tagen insgesamt 150 000 Menschen nach Brockum lockte und es im Anreiseverkehr am Sonntag zu Rückstaus bis Oppenwehe und bis zur Reininger Kreuzung an der B 51 kam, musste die Polizei verkehrsregelnd eingreifen, um die L 346 durch andere Zufahrten zu entlasten.[3] Heute verfügen die Veranstalter über ein erprobtes Verkehrskonzept, das Staus und Parkplatzprobleme weitgehend im Entstehen vereitelt. Gute Ausschilderungen, insgesamt 20 nummerierte Parkplätze mit Stellflächen für Tausende von Autos, ein kostengünstiger Buspendeldienst (2002 wurden auf neun Linien insgesamt 10 000 Kilometer zurückgelegt), sowie am Viehmarktdienstag der Einsatz der Verkehrssicherungsgruppe der freiwilligen Feuerwehr innerhalb der Samtgemeinde „Altes Amt Lemförde", sorgen für fast reibungslose An- und Abreise der vielen tausend Besucher.

Nicht schlecht staunten die Brockumer, als sie in den 90er Jahren am Marktdienstag Einbahnstraßenregelungen für die Sonnenstraße und Teile des Alten Marktes vorfanden!

Flyer 2003

Mit den nummerierten Parkplätzen ist auch der Ärger mancher auswärtiger Marktbesucher aus der Welt geschafft, die nämlich bei der großen Zahl von Nebenstraßen im Haufendorf Brockum den Abstellplatz ihrer motorisierten Untersätze nicht wiederfinden konnten und die hilfesuchend beim Marktausschuss oder bei der Polizei auftauchten, um nach ihren Autos zu fragen. Wenn zum Achselzucken der Marktmacher oder Beamten dann der ehrliche Rat folgte, nach dem Markt wiederzukommen, dann sei das fahrbare, gute Stück „sehr leicht auszumachen", war der Ärger vorprogrammiert.

---

[29] Zu dem plötzlichen Verkehrschaos war es allerdings auch durch Rückstaus gekommen, die übereifrige Parkplatzbesitzer verursachten, wenn sie ihren Obolus gleich bei der Einfahrt zur Parkfläche kassierten.

Vorfälle und besondere Ereignisse

Wo so viele Menschen zusammenkommen, gibt es neben Spaß und Freude leider auch Auseinandersetzungen, die nicht immer im verbalen Bereich bleiben. So hat die jeweilige staatliche Macht, die einem Ort das Recht verlieh, an einem bestimmten Termin Markt abzuhalten, gleichzeitig auch eine Marktordnung erlassen, für deren strenge Einhaltung sie stets gesorgt hat. Das galt besonders für den Marktfrieden, der innerhalb festgelegter Stunden beachtet werden musste. Damit dies auch wirklich geschah, wurde zu allen Zeiten eine ausreichende Zahl von „Ordnungshütern" abkommandiert. Dennoch geschah so manche gesetzwidrige Tat, die schließlich als „Fall" vor Gericht landete, wo die kriminelle Handlung schriftlich festgehalten und natürlich auch geahndet wurde.

So lässt sich der Brockumer Markt erstmals für das Jahr 1558 nachweisen, und zwar wegen eines Ereignisses, für das es eine Mindener und eine Diepholzer Version gibt: *„Die Mindener Darstellung besagt, daß am 23. Oktober 1558 in Brockum, einem Dorf des Bischofs (zu Minden) ein Freimarkt oder eine Kirmeß gehalten wurde. Der Mindener Amtmann zu Rahden hätte an diesem Tage den Vogt Gercke Harttenfeld und den Untervogt Hermann Bottecker nach Brockum in das Haus des Heinrich Deleken geschickt, der wohl – wie viele andere Brockumer – die Michaelis-Steuer nicht dem Bischof zu Minden (und demnach wohl nach Lemförde) entrichtet hatte.*
Vor diesem Haus begegneten Vogt und Untervogt dem (Burgmann) Hartwig von der Horst aus Lemförde mit Begleitern. Der Burgmann griff mit seinem Spieß die beiden Vögte an, die jedoch Oberhand gewannen und den Burgmann gefangen nahmen. Dieser säße jetzt im Gefängnis der Mindener, da er auf einem freien Markte derartige Gewalt geübt hätte.
Graf Rudolfs (von Diepholz) Darstellung auf dem Gerichtstag zu Oldendorf war kürzer. Er sagte, der besagte Vogt habe dem Burgmann auf freier Kirmeß zu Brockum ohne jeden Anlaß durch den Schenkel geschossen, und der Untervogt habe ihm einen Speer in den Hals gestoßen. Der Burgmann sei wie tot liegen geblieben und hätte in Lebensgefahr geschwebt". [30]

Ein Totschlag im Jahr 1573 ist der Grund, dass der Brockumer Markt erneut Erwähnung findet. Das Ratbuch der gräflich Diepholz'schen Regierung enthält unter dem 16.11.1573 den Eintrag:
„Nachdem Johan Bordewisch auf dem Brockumer Kermisse daselbst zwischen Brockum und Quernheim einen vom Leben zum Tode gebracht, soll ehr uf den 15. Jan. zu geslagen seiner behausinge gerichtlich citiert werden. Und solche schriftliche Citation durch einen gesworenen dehner seiner hausfrowen in beisein zweier gezeuge überantworten". [31]
Bordewisch, ein Lemförder Burgmann, war also seit dem Totschlag flüchtig und sollte auf die angegebene Weise vor Gericht geladen werden.
Sowohl der Graf von Diepholz als auch der Bischof von Minden bestätigen in den Darstellungen von 1558 bzw.1573 die Existenz eines „freien Marktes" in Brockum, was bedeutete, dass am Markttage in Brockum niemand mit Waffengewalt behelligt werden durfte.

Aus dem Jahre 1819 ist der Bericht des Wehdemer Pastors und Schulinspektors Cramer [32] überliefert, wonach es am 2. November zwischen Marktbesuchern aus der Gemeinde Wehdem und hannoverschen Dragonern und Husaren zu einer heftigen Auseinandersetzung gekommen ist. Zum besseren Verständnis des Vorfalles sei vorausgeschickt, dass auf dem Bröken die gesicherte Grenze zwischen den souveränen Königreichen Hannover und Preußen verlief. Dort wurde auch Zoll erhoben. Weil z. B. im „Hannoverschen" Salz nur die Hälfte [33] von dem kostete, was die Preußen zu zahlen hatten, entwickelte sich ein lebhafter Schmuggel, was die uniformierten Staatsdiener auf beiden Seiten nicht immer freundlich gestimmt haben dürfte [34].

---

[31] ebenda
[32] Cramers „Zuschrift an Mindener Sonntagsblätter", abgedruckt in Lübbecker Kreiszeitung, Jg. Nr. 84
[33] In Lemförde kostete das Pfund 6 Pfennige, in Haldem zeitgleich aber 15 Pfennige, so dass bei dem großen Bedarf von Salz auf den Bauernhöfen (als Konservierungsmittel) manches illegale Geschäft zustande gekommen sein dürfte.
[34] Es gab damals viele Schmugglergeschichten in unserer Gegend, ein Beispiel, das in Oppenwehe weiter erzählt wurde: *„ Vor 1866 gingen noch drei Grenzgänger an der preußisch-hannoverschen Grenze auf und ab und passten*

---

[30] Schöne,A.: Heimatblätter Heft X, Ausg. 1985, S.47

Nachdem die Leute aus Wehdem auf dem Markt von 1819 fröhlich gefeiert hatten, versammelten sie sich „in dem Wirtshause, welches zuletzt von Brockum gegen die Gemeinde Wehdem liegt (Krone?), um ... gemeinsam den Rückweg in ihre Heimat anzutreten. Die jungen Leute nahmen hier noch einmal und zwar den letzten Trunk in Bier oder Branntwein, mit welchem sie fröhlich nach Hause zu gehen gedachten. Hier ertönt nun ... manches Wort nicht eben freundlich und lieblich aus dem Mund der frohen Jugend ... . In dem Wirtshause entstehen unruhige Bewegungen. Gemeine Landdragoner, Husaren, welche zerstreut auf den hannoverschen Dörfern einquartiert sind, und am Markttage sich in Brockum vereinigt hatten, und die Bauernvorsteher verwalten hier die Polizei und finden in den entstandenen Unruhen alsbald eine schickliche Gelegenheit unter dem Scheine des Rechts ihrer unfreundlichen Gesinnung und einer schrecklichen Mißhandlung der wehrlosen Jugend ein volles Genüge zu leisten. Die Landdragoner treiben die jungen Leute aus dem Wirtshause und vor demselben wird nun die wehrlose preußische Jugend von Husaren und Landdragonern mit ihren Säbeln angegriffen und gleich als befinde sich das ganze hannoversche Land in Gefahr, und als könnte es nur durch Tod und Verderben vor dem vermeintlichen Feind gerettet werden, hauet man scharf in den Haufen, unbekümmert ob jemand schuldig oder unschuldig sey, und zerhauet bei mehreren schrecklich den Kopf und die Seite. Die Mädchen, welche ihre Brüder und Freunde zum ruhigen Nachhausegehen ermuntern und ängstlich um sie besorgt in dem Getümmel bleiben, werden auf die gleiche Weise gemißhandelt.
Die Reiter werfen sich auf die Pferde und verfolgen die Fliehenden bis an die preußische Gränze, wobei es noch scharfe Hiebe setzt. Einige werden so schwer verletzt, daß sie nicht fliehen können. Man bringt sie nach Lemförde ins Gefängnis. Ein junger Mann schleppt sich noch bis zum Ostenberge und stirbt an den erhaltenen Kopfwunden, viele andere müssen

sich ihre Wunden verbinden lassen". Der Pastor schließt seinen Bericht : „Diese traurige Begebenheit wird jetzt von Seiten des Amts zu Lemförde als auch des Land- und Stadtgerichts zu Rahden untersucht, und es wäre zu wünschen, daß in der Folge das Resultat öffentlich bekannt gemacht würde. Umso viel schmerzhafter für das Gefühl des Redlichen ist das Ereignis, da die Gemeinde Wehdem ein musterhaft sittliches, religiöses und loyales Verhalten in aller Hinsicht beobachtet und deshalb auch bei allen ihr vorgesetzten Behörden die verdiente Achtung genießt".

Welches Ergebnis die Untersuchung dieses nach heutigen Begriffen gänzlich unverständlichen, ungeheuerlichen und brutalen Vorfalls hatte, ist nirgendwo festgehalten. Es drängt sich der Verdacht auf, dass auch die damalige Untersuchung den üblichen Verlauf nahm: Ausgang wie das berühmte „Hornberger Schießen".
Bei passender Gelegenheit werden es die Wehdemer den „Hannoverschen" vermutlich heimgezahlt haben und die Freude dürfte 1866 auf der anderen Seite des Berges groß gewesen sein, als im preußisch-österreichischen Krieg der König von Hannover auf der „falschen" Seite mitkämpfte und seine Untertanen nach der Niederlage der Österreicher vom Bismarck'schen Preußen einverleibt wurden. Das Wort „Mußpreußen", von ostwestfälischer Seite ausgesprochen, eignete sich bis weit in das 20. Jahrhundert hinein hervorragend, um die Hannoveraner auf der nördlichen Seite des Stemweder Berges zu ärgern und zu provozieren.

Als weiterer besonderer Vorfall ging die „Zigeunerschlacht" in der Gastwirtschaft Müller in die Marktgeschichte ein (1891). Nach Befragen von Zeitzeugen berichtet dazu Horst Leski: „Am Montag vor dem Markt fand die große Schlacht statt. Einige Zigeunerweiber drängten sich in den Saal von Müller. Sie trugen unter den Röcken Messer und Dolche, die Zigeuner folgten bald oder zechten schon im Saale. Sie trugen die Waffen im Stiefelschaft. Man fühlt heute noch die Spannung, wenn man sich dieses Bild vorstellt. Die Petroleumlampen warfen gespenstisches Licht. ... Dann verlöschten die Lampen, nur die am Tresen flackerte noch. Die Brockumer Frauen kreischten auf und konnten doch nicht durch die von Zigeunern besetzte Tür entweichen. Sie sprangen zum Fenster hinaus. Draußen er-

---

auf, dass keiner schmuggelte. Ein Bauer aus Oppenwehe (Preußen) hatte eine Wiese auf Wagenfelder Gründen (Hannover). In Wagenfeld wohnte damals ein Wagenbauer, der billige und gute Wagen lieferte. Nur es stand hoher Zoll darauf. Der Mann aus Oppenwehe half sich aber heraus. Er holte den neuen Wagen nach der Wiese, nahm ihn auseinander, versteckte die Teile in einem Fuder Heu und fuhr unbehelligt an den Grenzwächtern vorüber".

warteten sie die Zigeunerfrauen, um ihnen die Taschen zu rauben. Bauer Piper erhielt einen Stich, der ihm die Wange bis zur Lippe aufriß. Bauer Hohlt wehrt den Dolchstich, der seinem Kopf galt, mit der Hand ab und ein einarmiger Zigeuner schlug ihm zwei Finger ab. In der folgenden Schlägerei, bei der die Brockumer gar wacker kämpften, wurde ein Zigeuner zu Boden geschlagen. War er tot? Wir wissen es nicht mehr genau. Die Zigeunerfrauen schleppten ihn weg. Die anderen Zigeuner flüchteten. ...".

Einige Jahrzehnte ließen sich anscheinend nur einzelne Zigeuner auf dem Brockumer Markt sehen. Es herrschte Ruhe, bis sie nach dem 1. Weltkrieg wieder in größeren Gruppen erschienen (1919). In der Gastwirtschaft Koch stritten sich zwei Zigeuner. Der eine schoss durch den Tisch und traf einen unbeteiligten Pferdehändler in das Bein, das bereits vom Kriege her gelähmt war.[35]

Später, im Jahre 1922 oder 1923, gab es mit Zirkusleuten, die an dem betreffenden Markt wahrscheinlich nicht genug verdient hatten, eine Schlägerei bei Krone, die sich in allen Ecken und Straßen des Dorfes fortgesetzt haben soll (Leskis Zeitzeugen). Brockumer erzählten in diesem Zusammenhang von einem verwundeten Zigeuner, der mit dem Gewehr in der Hand bei Krone auf der Dorfstraße gelegen haben soll. Als dann Zigeuner auch noch die Gastwirtschaft Achterkirchen (vormals Müller) besetzten und den Wirt aus seinem Lokal vertrieben, um sich „kostenneutral" an den diversen Getränken des Hauses zu laben, alarmierte der Brockumer Bürgermeister Wiegmann mit Hilfe der Kirchenglocken seine „Bürgerwehr". Diese Truppe, die unter dem Kommando von Heinrich Zahn stand, war vermutlich zu Beginn der unruhigen 20er Jahre gebildet worden, zu einer Zeit also, als sich das junge demokratische Deutschland gegen gewaltsame Putschversuche von links und von rechts zu wehren hatte. Der Bürgermeister wird zumindest während des Marktes die Polizeigewalt ausgeübt haben und ehemalige Soldaten des 1. Weltkrieges, die mit Waffen umgehen konnten, zum Schutze des Marktfriedens eingesetzt haben. Ernst Hartker wusste sich zu erinnern – so berichtet Friedhelm Koch – dass diese Männer mit drei 98er Karabinern und einer

Pistole 08 ausgerüstet waren, die ihnen irgendeine Organisation kurz zuvor am Bahnhof Bohmte ausgehändigt hatte. Diese Bürgerwehr umstellte nun wie in einem Kriegseinsatz die Brockumer Gaststätte. Angesichts der bewaffneten Macht beeilten sich die Zigeunerfrauen ihre zechenden Männer aus der „Festung" herauszuholen und sie zu einem friedlichen Abzug zu bewegen.[36]

Leski vermutet, dass sich diese Ereignisse im Jahre 1923 zutrugen, denn das Diepholzer Kreisblatt berichtete am 31. 10. d. J. von Zigeunern, die wieder erschienen seien und fährt dann fort: *„An Schlägereien war überhaupt kein Mangel auf dem diesjährigen Markt".*

Auch nach dem 2. Weltkrieg kam es auf dem Brockumer Markt immer wieder zu blutigen Auseinandersetzungen. So wurde 1953 ein Kriminalbeamter, der in die Gastwirtschaft Koch gerufen wurde, um dort einen eskalierenden Streit zu schlichten, beim Verlassen des Hauses von einer Gruppe angegriffen, zu Boden geworfen und auf üble Weise im Gesicht verletzt.

Außerdem widersetzte sich 1982 ein alkoholisierter Autofahrer der Staatsgewalt und schlug einen Polizisten krankenhausreif.

Immer mehr Marktbesucher erforderten auch immer mehr Polizeipräsenz. Das Diepholzer Kreisblatt berichtete vom Marktdienstag 1990 (also nur von einem Tag!) in einer Zusammenfassung :

- dreimal Blutentnahme von Personen, die mit ihrem Fahrzeug fuhren, obwohl sie unter Alkoholeinfluss standen
- zweimal Sicherstellung von Führerscheinen
- zu später Stunde Einsatz beim Bayernzelt, wo zwei Personen beim Verlassen des Zeltes niedergeschlagen wurden und vom Notarzt behandelt werden mussten
- Unbekannte überfuhren mit einem gestohlenen Traktor eine Absperrung im Stemweder Berg und ließen das Fahrzeug in Haldem stehen
- zwei Ordner wurden am Eingang zur Gewerbeschau tätlich angegriffen und verletzt, wobei die Täter ermittelt und auch des Schwarzhandels mit Eintrittsbändern überführt werden konnten

---

[35] Bauer Stiening, der den Händler damals nach Lemförde zum Arzt fuhr, erzählte Leski die Begebenheit.
36 Das soll der erste und einzige Einsatz der Brockumer Bürgerwehr gewesen sein.

- Einsatz bei zwei Verkehrsunfällen, bei denen es insgesamt vier Verletzte gab
- Eingreifen bei einer Gruppe von etwa 20 Personen, die randalierend durch das Dorf zogen, und eine Glaskuppelleuchte beschädigten
- Einsatz wegen einer betrunkenen Frau, die das Gerüst, das gerade den Kirchturm umgab, erklettert hatte, wobei die Polizei den meisten Ärger mit sensationslüsternen Schaulustigen hatte, die mit „Spring-doch-Rufen" die Frau zum Selbstmord treiben wollten.

Von den interviewten Polizeibeamten wird zusammenfassend festgestellt, dass in den meisten Fällen unmäßiger Alkohol-Genuss die Triebfeder des Fehlverhaltens der Marktbesucher war.

Der außergewöhnlichste Fall ereignete sich jedoch 1990, als drei männliche Marktbesucher dem Drang, ihre Blase zu entleeren, zwischen den Wohnwagen von Schaustellern nachkommen wollten. *„Sie hatten offenbar zu spät oder überhaupt nicht bemerkt, dass dort Hunde angekettet waren, denen dies vermutlich missfiel, und die in die ‚Patengeschenke' bissen. Die Gebissenen meldeten sich anschließend bei der Polizei"* (Diepholzer Kreisblatt).

1995 ereignete sich ein folgenschwerer Vorfall: *„Ein Mann aus Friesoyfhe, der mit Sohn und Tochter auf dem Markt unterwegs war, traf auf zwei Männer, die er von früheren Zeiten her kannte. Die beiden wollten diese Gelegenheit nutzen, um eine alte Angelegenheit zu bereinigen, und zwar mittels eines Handstockes und, wie die Friesoyther angaben, mit einem Schlagring. Die Schläge waren dabei so heftig, dass sogar der Stock zerbrach. Der Friesoyther erlitt so schwere Kopfverletzungen, dass er ins Krankenhaus eingeliefert werden musste"* (Diepholzer Kreisblatt). Später wurde vor zwei gerichtlichen Instanzen gestritten, ob ihm dabei ein Auge so sehr verletzt wurde, dass er darauf erblindete.
An alte Zeiten, in denen die „wehrhaften Brockumer" (H. Leski) ihre Händel mit den Zigeunern austrugen, fühlte man sich erinnert, als 1999 eine größer angelegte Randale abermals zwei Fronten gegeneinander führte. Eine Gruppe von Skinheads hatte andere Gäste im Bayernzelt angepöbelt und geschlagen. Dabei gerieten sie an eine Gruppe Türken, die mit Stühlen und Biergläsern traktiert wurden. Am folgenden Abend revanchierten sich die Tür-

ken und sorgten dafür, – auch mit Stühlen versteht sich - dass vier Skinheads schwer verletzt ins Krankenhaus eingeliefert werden mussten.
Handfeste Auseinandersetzungen gehören heute leider genauso zum Brockumer Markt wie früher, als Oma, die aus gesundheitlichen Gründen die Reise zum Brockumer Markt nicht hatte antreten können, ihren Enkel am Morgen nach dem Marktbesuch die Frage stellte: *„Hebbt se sik ook haut?"* Als der Nachwuchs die Frage verneinte, kam Oma zu dem Schluss: *„Na ja, denn is door ook nix los wäsen. Ha's dien Geld man in de Tasken laaten schullt."*[37]

Wo so viele Fremde sind, die sich zudem in einer unwirtlichen Jahreszeit mit diversen Wässerchen von innen einreiben, konnte man nicht vorsichtig genug sein. In der eigenen Gruppe der gleichen Dorfbewohner fühlte man sich dagegen sicher. So kam es wohl, dass sich früher viele Menschen, die schon am Montagabend nach Brockum zogen, fein säuberlich trennten: Die Brockumer selbst feierten bei Müller, die Lembrucher trafen sich bei Krone, die Marler, Hüder und andere Hannoveraner zogen Koch vor und die Preußen fanden sich bei Corshenrich ein.

---

[37] Falldorf, W.: Wat noch is.

Dienstleistungen für den Markt

Ein so großes Volksfest wie der Brockumer Markt braucht viele „helfende Hände". Neben den eigentlichen „Marktmachern" und ihren Mitstreitern aus der Gemeinde sowie den bereits angesprochenen Elektrikern, Busfahrern und den Männern vom Verkehrsregelungskommando der Freiwilligen Feuerwehr, sind hier all die gemeint, die an allen vier Markttagen ständig im Einsatz sind und vom Marktbeginn bis zu seinem Ende gewissermaßen das Sicherheitsnetz des Marktes aufspannen: Feuerwehr, DRK und Polizei.

Im Jahr 1997 leistete die Brockumer Feuerwehr auf dem Gelände der Landmaschinenschau und der Gewerbeausstellung insgesamt 211 Stunden Sicherheitswache. Außerdem stand die örtliche Wehr 195 Dienststunden in der Brandwache in Bereitschaft. Dabei wurde sie unterstützt von den Nachbarwehren und deren Einsatzfahrzeugen, die noch einmal die gleiche Zahl an Dienststunden aufbrachten. Karl-Heinz Meier wurde 2003 zum Marktbrandmeister ernannt, damit die Koordinierung und ein eventueller Einsatz aller sieben Wehren der Samtgemeinde reibungslos funktioniert.

Kamen die Helfer des DRK 1986 noch mit 14 Freiwilligen aus, die insgesamt 600 Stunden auf dem Markt einsatzbereit waren und dabei 27mal Erste Hilfe leisten und vier Fahrten zum Krankenhaus durchführen mussten, so waren es 1998 vier Notärzte und 57 Sanitäter, die in 811 Dienststunden gar 99 Personen versorgten

oder mit ihren Angehörigen zusammenführen mussten.

Foto: W. Lübker

Seit 2003 bietet das umgebaute und sanierte ehemalige Toiletten- und Umkleidehäuschen den engagierten Helfern bessere Voraussetzungen für ihre Arbeit.

Auch die Polizei wurde auf dem Brockumer Markt als Vertreter der jeweiligen Staatsmacht stets benötigt, um dort für die Einhaltung des Marktfriedens zu sorgen. 1804 bestand die Ordnungsmacht aus 36 französischen Besatzungssoldaten, 1838 aus 10 hannoverschen Polizisten, im Jahr 2001 waren insgesamt 70 niedersächsische Polizeibeamte aus Lemförde, Diepholz, Sulingen, Weyhe, Nienburg und Syke im Einsatz. Sie registrierten insgesamt 13 Vorfälle (Körperverletzungen, Diebstähle, Sachbeschädigungen und Verkehrsunfälle).

Foto: W. Lübker

Marktspäße

Wenn man mit Freunden auf den Markt zieht, um mit ihnen gemeinsam zu feiern, will man auch Spaß haben. Opa erzählte: *„Als unser Heinrich zwanzig war, hat er unsere ganze Familie blamiert. Ich habe ja damals darüber geschimpft, aber heute muss ich darüber lachen. ‚Du kennst denn Jungen ja un wääs, dat he jümmer dorbie is, wenn eene Dummerie'e uthecket wett. Heinrich griff sich einige gleich unternehmungslustige Burschen aus der Nachbarschaft. Sie verhandelten mit einem Drehorgelmann und mieteten seinen Kasten mit Sammelteller und allem, was dazu gehört, für zwei Stunden. Heinrich drehte, Rudi und Willi sangen, und Gustav ging mit der Mütze herum und sammelte. Bekannt, wie sie waren, hatten sie auch bald das ganze junge Volk um sich herumstehen. In die Mütze fiel ein Groschen nach dem anderen, und als nach zwei Stunden Bilanz gezogen wurde, konnte das Quartett dem weiteren Verlauf des Marktes mit einer gesunden finanziellen Basis entgegensehen. ‚Schietendicke sind se am annern Murgen nao Huus henn kurmen', berichtete Opa“* (Diepholzer Kreisblatt 1955).

Bei „Spaß haben“ fällt jedem langjährigen Marktbesucher natürlich die Pony-AG ein (AG, das bedeutet in diesem Fall „auf Gegenseitigkeit“ bzw. „ausgelassene Gesellschaft“), die 1984 von Karl Heuer, seinen Kartenklubfreunden Günter Dreyer, Karlfried Rennegarbe, Otto Schwenker und Helmut Thrien sowie von Horst Münkel und Friedrich Winter zur „Verbesserung der Wirtschaftslage“ gegründet wurde. 40 Mitglieder schlossen sich spontan dem Verein an, so dass gleich auf dem ersten Markt der „Schwarze Peter“ von Chefeinkäufer Karl nach hartnäckigem und gekonntem Handeln und traditionellem Handschlag gekauft werden konnte. Stolz zog die AG über den Markt, besuchte dieses Zelt und jenes, betrat auch einen Saal, wo sich das Tier prompt „erleichterte“. Weil die schnell erarbeitete eigenwillige Satzung besagte, dass das Tier noch am gleichen Tage wieder veräußert werden musste - und zwar mit Verlust – wechselte das Tier bald wieder die Besitzer. Dies wiederholte sich alljährlich. Die Minusgeschäfte wurden ausgeglichen teils durch Spenden, teils durch die Eintrittsgebühr neuer Mitglieder (zuletzt 204), die mit der einmaligen Zahlung auch ihren Mitgliedsbeitrag bis ans Lebensende entrichtet hatten, teils durch Strafgelder, die bei jedem fällig waren, der sich nicht pünktlich am Viehmarkt-Dienstag um 10.00 Uhr bei Schwenkers Diele einfand oder der nicht auf Verlangen irgendeines anderen Klubangehörigen seinen Mitgliedsausweis <u>sofort</u> vorweisen konnte.

Die AG hatte auf jedem Markt viel Spaß, besonders beim Kauf und Wiederverkauf, zumal wenn der Handel mit musikalischer Unterstützung durch Otto Leymann (Schifferklavier) und Günter Storck (Teufelsgeige) ablief. Dann hatten allerdings die Besitzer von nicht musikfesten Ponys keine Chance auf einen Geschäftsabschluss.

Wegen „Überalterung des Vorstands“ löste sich der Verein im Sommer 2003 auf.

Viel zu lachen gab es wohl auch auf der ersten Runkelrüben-Olympiade, die auf dem Brockumer Markt von 1971 ausgetragen wurde. Friedel Dreß aus Lemförde, seit vielen Jahrzehnten Beschicker des Brockumer Marktes und Freizeitgärtner, führte voller Stolz eine riesige Runkelrübe vor. So etwas könnten die Brockumer bestimmt nicht vorweisen. Doch Dreß hatte nicht mit dem Ehrgeiz des Marktmeisters Walter Lüdeker gerechnet, der sofort meinte, er könne dagegen halten. Tatsächlich wirkte die Feldfrucht, die er alsbald von zu Hause holte, nicht kleiner. Wetten wurden erregt abgeschlossen. Landrat Jürgens, der dafür plädierte, den Wettstreit ganz genau zu entscheiden, besorgte umgehend eine Federwaage. Der als Schiedsrichter fungierende Samtgemeindedirektor Herbert Petering gab schließlich das Ergebnis bekannt: Die Dreß-Rübe wog zwar stattliche 7 kg, aber bei der Lüdeker-Rübe blieb der Zeiger der Waage erst auf 9 kg stehen. Beide „Züchter“ erhielten Preise. Versteht sich, dass Sieger wie Verlierer kräftig „begossen“ wurden.

Vom Leser ganz lustig, von den Betroffenen dagegen weniger witzig, dürfte die Geschichte aufgenommen worden sein, die sich in alten Zeiten in der Nähe von Ehlert (heute Gemeindegrund mit Backhaus) abgespielt haben soll. Dort hatten sich die Marktbesucher dicht um einen Zigeuner gedrängt, der sich in einer Kuhle im Schlamm herumwälzte und dabei unverständlicherweise ständig rief: „Durch Schaden wird man klug“! Als die „Gaffer“ an der nächsten Bude feststellen mussten, dass ihnen die ebenfalls im Gedränge stehenden anderen Zigeuner die Taschen geleert hatten, brauchten sie nicht länger über diesen weisen Ausspruch nachzudenken (H. Leski).

Auch der Marktausschuss ist trotz des Ernstes seiner Aufgabe bereit, seine nicht immer leichte Aufgabe mit Humor zu tragen. Als die Standgelder auf der Landmaschinen- und Gewerbeschau 1975 von einigen „langsamen" Ausstellern eingesammelt werden mussten, „warfen" sich die zuständigen Mitglieder des Gemeinderates in den schwarzen Anzug. Mit weißen Hemden, silbergrauen Krawatten und seriösen Zylindern versahen sie ihren Dienst.

Foto: Dieph.Kreisblatt
Helmut Bick, Hermann Schnittker, Adolf Jakob, Georg Schnabel (v.l.n.r.)

Es soll in jenem Jahr keine säumigen Zahler gegeben haben: Alle auf diese originelle Weise angesprochenen Marktbeschicker hätten ohne Zögern ihre Brieftasche bereitwillig gezückt.

Es wurde schon erwähnt, dass sich in alten Zeiten die Westfalen gern in einer Gastwirtschaft, die auf ihrem Wege zur Landesgrenze lag, versammelten, um einen Schlür-Schluck zu trinken und dann gemeinsam den Heimweg anzutreten. Für die einen war Krone dieser Treffpunkt, für die anderen „Im grünen Walde". Von dort wird eine Geschichte weitererzählt: Fritz hatte mit sehr vielen Bekannten einen Schlür-Schluck getrunken. Er war ganz duhn, als er mal raus wollte. So kam es, dass er an einen Busch sank und wie mausetot einschlief. Später fühlte sein Freund Heinrich ein menschliches Bedürfnis und geriet an dasselbe Strauchwerk. Während er sein dringendes Geschäft verrichtete, hörte er ein Schnaufen und Prusten, dann vernahm er seinen guten Freund

Fritz: „Du, na düssen Schuer wüllt wi awer na Hus!"

Eine gute Beobachtungsgabe verrät der launige Schüleraufsatz, der aus dem „Preußischen" stammen soll und den der „Diepholzer Marktbummler" von 1933 wiedergibt: *„Auf dem Markte war es schön. Ich hatte mehr Geld als mein Freund Heini. Denn sein Vater ist das Fohlen nicht losgeworden, das er mit nach'n Markte hatte. Er versteht von Handel nichts von. Aber unser Vater hat unsern alten Braunen richtig einen angeschmiert. Wir haben da vorher aber auch schön an rum gebürstet und poliert. Unser Vater hat da orntlich einen auf genommen, auf das gute Geschäft. Aber da durfte unser Mutter nichts von wissen. Die stellt sich immer gleich so an. Aber ich sage auch nichts von, das weiß unser Vater woll, und deshalb hat er mir gleich ne ganze Mark gegeben. Acht Groschen hatt ich schon, von unser Mutter drei und drei von Opa und zwei von Onkel Fritz für ‚Prost Jahrmarkt'. Das ist ein guter Onkel. Aber Onkel Heinrich sagte bloß: ‚Danke gleichfalls' und kam nich mal mitn halben Groschen über. Son Geizhals! Zuerst kaufte ich mir ein geräucherten Schellfisch und aß da ne orntliche Portschon Vanilje-Eis nach. Das schmeckte aber! Und denn ins Karussell. Die großen Leute sind da mächtig ängstlich in. Die werden gleich schwindlich und müssen sich dann gegenseitig festhalten. Unser Johann, was unser Großknecht is, hat Schulzen Trina gar nicht wieder losgelassen. Ich habe in dem Karussell, was immer über so Puckel ging, zwei Groschen verloren, die sind mir aus der Tasche gerutscht. Das war schade. Dafür habe ich beim Kasper nichts bezahlt. Als die Frau mit dem Teller kam, habe ich mir gedrückt. Das war schön, überhaupt, als der Landjäger immer von Kasper Wichse kriegte. Aber mit dem ‚Frieden im Tierreich' das glaub ich nicht. Ob die Füchse Schildkröten mögen, weiß ich nicht. Aber daß ne richtige Katze Mäuse frißt, ist sicher. Bloß diese Katzen hatten alle son enges Halsband um, die konnten man nicht. Und die ‚Todesfahrt an der Steilwand' war mich zu teuer. 5 groschen bezahlen, und denn is nachher doch keiner tot – nee, da fall ich nicht auf rein. Und mit die Wahrsagerin, das ist auch man Blech. Auf dem Zettel der in dem Umschlag war, stand lauter Quatsch. ‚Eine schwarze Dame wird Ihnen gefährlich werden, trauen Sie ihr nicht'. Ich dachte gleich an meine Mutter, die is ja manchmal auch nicht zu trauen. Sie kommt da immer hinter,* *wenn man was ausgefressen hat. Aber die hat doch nen blonden Zopf, und das is noch dazu noch nen falschen Wilhelm, wie mein Vater immer sagt, wenn er unser Mutter uzen will. Und das andere Haar wird all grau. Nee, den Groschen hätt ich lieber sparen sollen. Für vier Groschen hab ich mir noch ein Taschenmesser gekauft. Billig, nich? Muß ein richtiger Junge so haben. Leider ist es abgebrochen, als ich es an unsern Küchenschrank versuchte. Wenn man es zuklappt, ist es aber noch sehr schön. Dann hab ich mir noch ne Anstecknadel gekauft. Schwarzweißrot mit Goldrand für nur 1 Groschen. Ich bin ein Preuße, kennt ihr meine Farben? Die Bratwurst ist mir aus dem Brötchen rausgerutscht und in den Dreck gefallen. Ich habe sie mit dem Taschentuch abgewischt. Sie schmeckte noch ganz schön. Unser Vater sagt immer: ‚Sand scheuert den Magen'. Da war mein Geld alle, und da bin ich nach Hause gegangen, und es war sehr schön".*

Schluss

Seit Jahrhunderten geht es in Brockum einmal im Jahr tierisch zu! Doch wie lange noch? Die große Zeit des Viehmarktes scheint auch in Brockum zu Ende zu gehen. Aber egal, ob man Ponny, Rind, Katze oder Huhn kauft, ob man bei einem Bummel die Marktköstlichkeiten genießt, ob man sich in einem Fahrgeschäft herumschleudern lässt, ob man im Festzelt oder Saal das Tanzbein schwingt, ob man bei einem Besuch des Gewerbezeltes den eigenen Hausstand ergänzt oder aber auf der Landmaschinenschau neue arbeitserleichternde Geräte für Haus, Hof und Garten erwirbt, der Brockumer Markt bietet für jeden Geschmack etwas: Für den einen Geschäft, für den anderen Gaudi.

Brockumer Markt	das ist Autoscooter, Aale und Abflussreiniger
	das ist Blumen, Blusen, Bier, Bratpfanne, Babywindeln und Bayernzelt
	das ist Glasglocke, Glückslos, Gabelstapler, Glühwein, Gummistiefel und Güllemixer
	das ist Karussell, Kühlanlage, Kümmerling, Kräuter, Käse, Kuchen und Kühe
	das ist Messer, Mieder, Menschenmassen und Maschinen
	das ist Reißverschluss, Riesling, Rasierklingen, Rollmops, Riesenrad und Rinder
	das ist Trecker, Trockengestecke, Tapeziertisch, Teekanne, Terrassendach und Tortenheber
Brockumer Markt	das ist kosten, kucken, kaufen und klönen.

Brockumer Markt … Dor goht wi alle wedder hen.

ANHANG

1954 – 2004: 50 Jahre Gewerbeausstellung

Gemeinde Brockum

Marktkommission

Brockum, im Juni 1954

An ....

Betr.: Gewerbeausstellung in Verbindung mit dem Brockumer Markt

Über die Bedeutung des Brockumer Marktes, des größten Pferde- und Krammarktes im nordwestdeutschen Raum, ist bereits so viel gesagt und geschrieben worden, daß wir glauben, hierauf nicht besonders hinweisen zu müssen. Es genügt wohl die Feststellung, daß in den letzten Jahren Besucherzahlen von 30 000 und mehr zu verzeichnen waren.

Nachdem das Experiment des Vorjahres, mit dem Pferdemarkt eine Ausstellung landwirtschaftlicher Maschinen und Geräte zu verbinden, als voll gelungen überall aufgenommen worden ist, wurde aus Kreisen interessierter Handwerker, des Gewerbes, der Industrie und des Landhandels an die Gemeindeverwaltung der Wunsch herangetragen, außer den Ausstellungen im Freigelände auch eine größere

GEWERBESCHAU in Zelten

aufzuziehen.

Nach gründlicher Beratung dieser Anregungen durch die Gemeindevertretung hat sich die Gemeinde Brockum entschlossen, den Markt dieses Jahres, der am 1. und 2. November stattfindet, mit einer Gewerbeschau zu verbinden. Vorgesehen ist, diese bereits einen Tag vor offiziellem Marktbeginn, nämlich am Sonntag, 31. Oktober, durch den Landrat des Kreises Grafschaft Diepholz, Friedrich Hanker, zu eröffnen.

Da wir annehmen, daß auch Sie an dieser großen Leistungsschau von Firmen der näheren und weiteren Umgebung interessiert sind, zumal auch aus ihrem Gebiet jährlich viele Hunderte von Besuchern nach hier kommen, erlauben wir uns die höfliche Anfrage, ob wir einen Platz des Ausstellungsgeländes für Sie reservieren sollen. Für den reinen Ausstellungsraum müssen wir einen Preis von etwa 4,00 DM je Quadratmeter berechnen.

Um die umfangreichen Vorplanungen und Vorbereitungsarbeiten so durchführen zu können, daß auch die Gewerbeschau zu einem vollen Erfolg wird, dürfen wir Sie um rechtzeitige Anmeldung, spätestens bis zum 1. August 1954, bitten. Wir weisen darauf hin, daß die Anträge in der Reihenfolge ihres Einganges bearbeitet werden.

Hochachtungsvoll!
Der Bürgermeister
der Gemeinde Brockum
(gez.) Wendt

Auftrieb von Pferden und Rindern

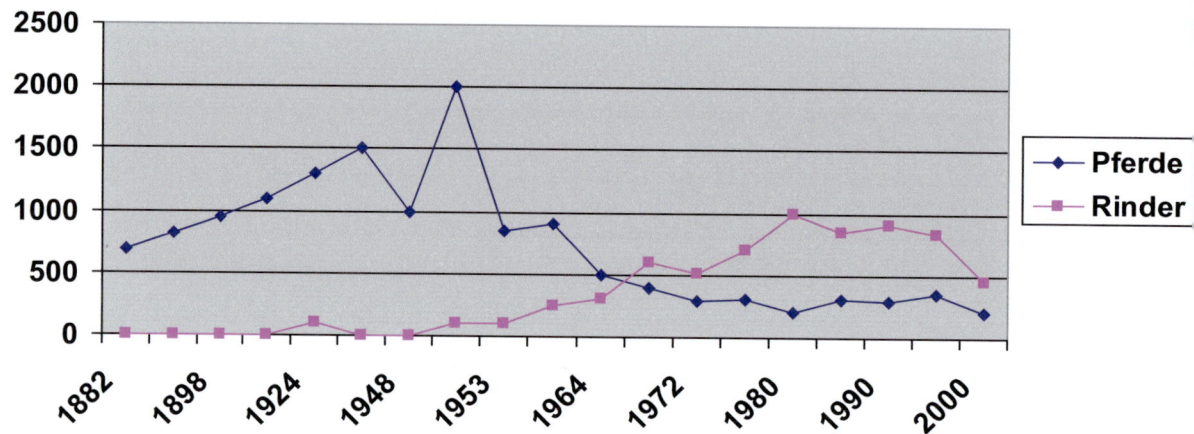

Marktausgaben in DM

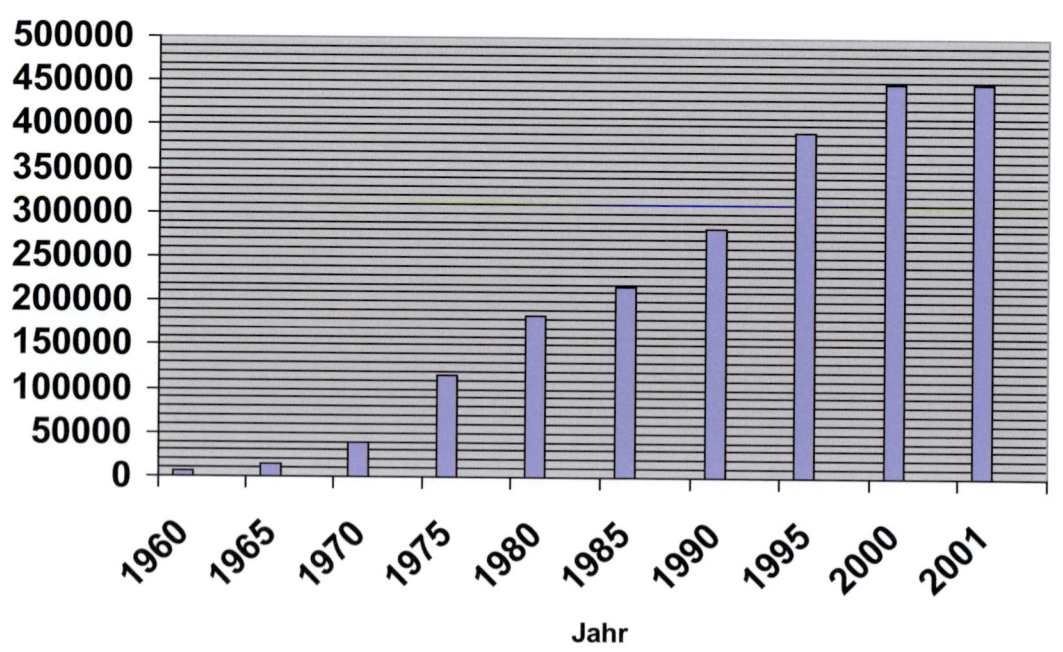

Verkaufte Eintrittskarten pro Markt

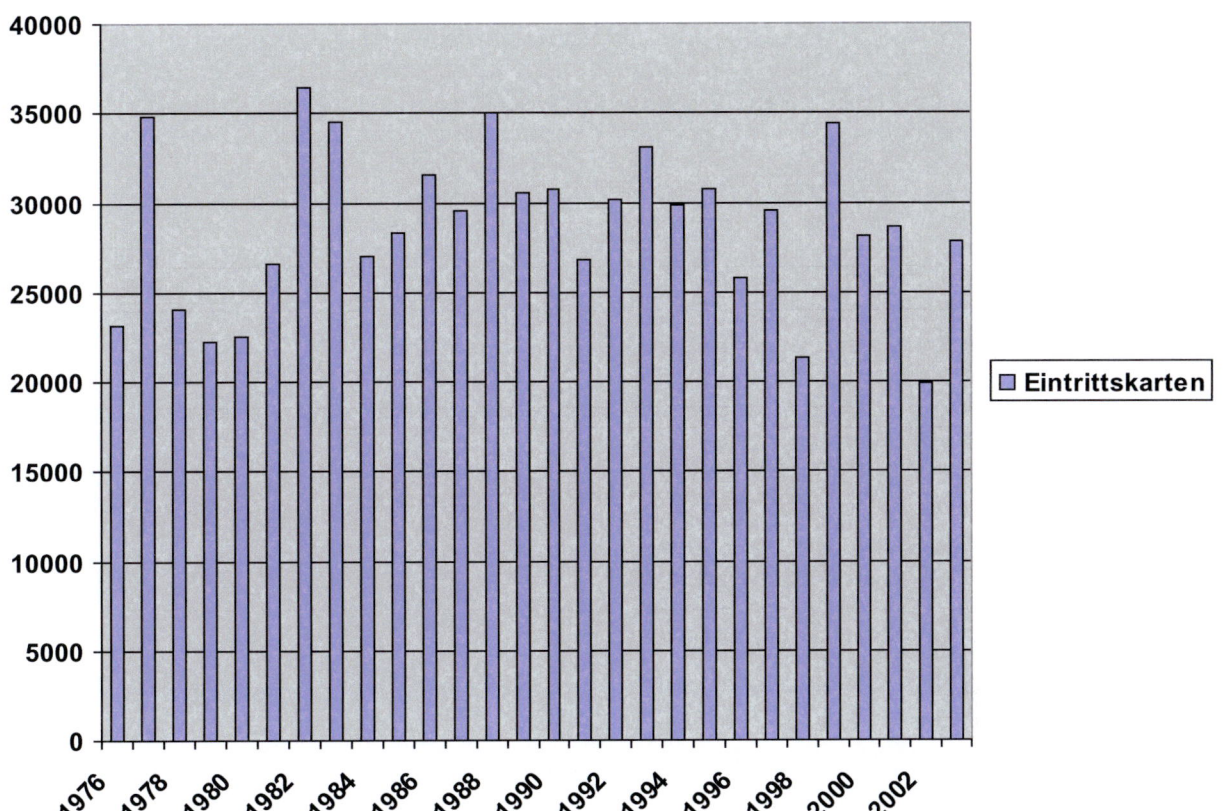

Brockumer Markt

Text und Melodie:
Antje Wellmann

1. Wenn die Tage kürzer werden
    hast du einfach keine Chance.
    Bauern mustern ihre Herden
    - nun geht's los.
    Säle, Theken, Pommesbuden,
    Bratfisch, Fisch und Pizza satt,
    Bayernzelt, Gewerbeschau und Riesenrad. Oh!

    Ref. 1:
    Brockumer Markt – in den Zelten Partystimmung.
    Brockumer Markt – da musst du einfach hin. Hey!
    Brockumer Markt – Leute tanzen auf den Tischen.
    Brockumer Markt – dor moßt du hen!

2. Und seit fünfzehnhundertsiebzig
    Gibt's den Viehmarkt – denk mal an.
    Auch der gute alte Handschlag zählt noch was.
    Unsere Marktleitung ist wachsam
    So wie auch die Polizei
    Feuerwehr und Sanitäter brauchen wir. Oh!

3. Wenn die Tage kürzer werden
    Sagt die Oma ganz bestimmt:
    „Schietegal wiet Wetter wet,
    dor mott ick hen!"

    Ref. 2:
    Brockumer Markt – doch nun müssen wir nach Hause.
    Brockumer Markt – Wo ist das Auto denn? Hey!
    Brockumer Markt – im nächsten Jahr seh'n wir uns wieder.
    Brockumer Markt – dor moßt du hen! Hey!

Zeittafel für den Brockumer Großmarkt

1558	erste urkundliche Erwähnung des Marktes
1789	erster schriftlicher Bericht über den Markt
1819	blutige Auseinandersetzung zwischen hannov. Dragonern und Wehdemer Jugend
1891	Zigeunerschlacht in der Gastwirtschaft Müller
1908	mit „Schwebender Karoline" erstes modernes Fahrgeschäft in Brockum

1910		Sturmschäden
1913		Fahrradständer für Marktbesucher, die mit dem Velociped anreisen
1914 – 18		kein Viehmarkt
1919		Markt versinkt in tiefem Schnee
1921		Reg. Präsident lehnt Vorverlegung des Markttermins ab
1923		eine einzige Fahrt im Fliegerkarussell kostet 500 Millionen RM
1927		Viehmarkt wird von L 346 auf den Sportplatz im Dorf verlegt
1930		auch der Krammarkt wird im Dorf angesiedelt
1930		der Markt wird um den Montag verlängert - **2. Tag**
1937		Sommerwetter mit Temperaturen von 25° im Schatten
1944 – 47		kein Viehmarkt
1947		erster Nachkriegs-Krammarkt
1950		Beginn der Landmaschinenausstellung
1954		Beginn der Gewerbeausstellung
1954		dem Markt wird der Sonntag offiziell angegliedert - **3. Tag**
1956		Markt versinkt im Schlamm
1958		22 Buslinien fahren den Markt an
1967		der Markt wird um den Samstag verlängert - **4. Tag**
1968 – 84		Wahl der Marktkönigin
1969		die Feier zum 1000jährigen Bestehen des Ortes wird mit der Markteröffnung zusammengelegt, erstmals ein Bayernzelt
1969		Einzäunung der Landmaschinen- und Gewerbeausstellung
1969		Barre-Bräu macht auf Bierdeckel Marktwerbung
1970		Fernsehbericht vom Viehmarkt
1970		Modenschau im Bayernzelt
1970		Gemeinde lädt Aus- und Schausteller zum Ausspracheabend ein
1971 – heute		verstärkter Ausbau der Infrastruktur des Marktgeländes
1972		bei Markteröffnung Fassanstich und Freibier
1973		Vergrößerung des Marktgeländes durch Abbaggern des Sandhügels (50 000 m²)
1974		erstmals Hubschrauberrundflüge
1975		Werbung über Autoaufkleber
1977		Hörfunk – Interview mit Bürgermeister Lohmeyer
1978		Zeltgottesdienst
1979		Sonntagmorgen Frühschoppen im Bayernzelt
1984		Gründung der Pony-AG (2003 aufgelöst)
1986		Aus- und Schausteller laden Marktausschuss zum geselligen Abend ein
1987		Live-Hörfunksendung aus dem Bayernzelt
1992		Ehrung langjähriger Marktbeschicker durch die Gemeinde
1994		bei Bilderbuchwetter werden 259 000 Besucher geschätzt
1995		Vergrößerung des Marktgeländes auf 60 000 m² (Dorfpl. u. nördl. Teil „Alter Markt)
1996		Talentwettbewerb des Diepholzer Kreisblattes im Bayernzelt
1999		im Bayernzelt Randale zwischen Skinheads und Türken
1999		neues Werbekonzept für Markt: lachendes Pferd
2001		Werbung mit Flyer
2002		Werbung im Internet
2002		am Sonntagnachmittag Abbruch des Marktes wegen Orkan